大数据时代下的
新媒体运营策略研究

刘滢 赵艺 韩婷婷◎著

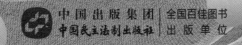

中国出版集团　｜全国百佳图书
中国民主法制出版社　｜出版单位

图书在版编目（CIP）数据

大数据时代下的新媒体运营策略研究 / 刘滢，赵艺，
韩婷婷著.— 北京: 中国民主法制出版社，2024.5
ISBN 978-7-5162-3665-9

Ⅰ.①大…　Ⅱ.①刘…②赵…③韩…　Ⅲ.①传播媒介
—运营管理—研究　Ⅳ.①G206.2

中国国家版本馆 CIP 数据核字（2024）第 094928 号

图书出品人：刘海涛
出版统筹：石　松
责任编辑：刘险涛　吴若楠

书　　名 / 大数据时代下的新媒体运营策略研究
作　　者 / 刘　滢　赵　艺　韩婷婷　著

出版·发行 / 中国民主法制出版社
地址 / 北京市丰台区右安门外玉林里 7 号（100069）
电话 / （010）63055259（总编室）　63058068　63057714（营销中心）
传真 / （010）63055259
http:// www.npcpub.com
E-mail: mzfz@npcpub.com
经销 / 新华书店
开本 / 16 开　787 毫米 × 1092 毫米
印张 / 13　字数 / 210 千字
版本 / 2025 年 2 月第 1 版　　2025 年 2 月第 1 次印刷
印刷 / 山东蓝彩天下教育科技有限公司

书号 / ISBN 978-7-5162-3665-9
定价 / 78.00 元

前　言

大数据和新媒体之间存在密切的关联和影响。大数据的出现和发展为新媒体提供了更多的机遇和挑战，大数据的应用也需要关注数据安全和隐私保护的问题。新媒体公司在收集和分析用户数据时，需要遵守相关的法规和规范，确保用户数据的安全性和隐私权的保护。大数据技术为新媒体提供了更多的数据资源和分析能力，帮助新媒体公司更好地了解用户需求、优化内容生产和推广策略，并作出更明智的决策。大数据的应用可以提高新媒体的竞争力和创新能力，推动新媒体行业的发展。

在大数据时代，新媒体运营正面临着许多新的挑战和机遇。大数据时代为新媒体运营带来了更多的数据和分析能力，提供了更多的个性化和精准化机会。然而，也需要新媒体公司注重数据安全和隐私保护，并不断学习和应用新的技术和方法，以适应快速变化的新媒体运营环境。在大数据时代，新媒体运营策略需要充分利用大数据技术和数据分析的优势，以更加精准、个性化和数据驱动的方式进行运营。大数据时代下的新媒体运营策略需要充分利用大数据技术和数据分析的优势，以数据驱动、个性化、跨平台整合和智能化为核心。通过深入了解用户、运用数据分析和 AI 技术，可以提高运营效果、增强用户体验，从而在竞争激烈的新媒体环境中取得成功。

本书在编写过程中，借鉴、引用了一些专家、学者的学术观点与研究成果，在此表示最诚挚的谢意。由于作者水平有限，书中难免存在不当之处，恳请广大读者谅解并指正。

目录

第一章 大数据背景下的新媒体

第一节 大数据的内涵

一、大数据出现的背景

进入 2012 年，大数据（big data）一词越来越多地被提及，人们用它来描述和定义信息爆炸时代产生的海量数据，并命名与之相关的技术发展与创新。它已经上过《纽约时报》《华尔街日报》的专栏封面、进入美国白宫官网的新闻、现身在国内一些互联网主题的讲座沙龙中，甚至被嗅觉灵敏的证券公司等写进了投资推荐报告。

数据正在迅速膨胀并变大，它决定着企业的未来发展。虽然现在企业可能并没有意识到数据爆炸性增长带来问题的隐患，但是随着时间的推移，人们将越来越多的意识到数据对企业的重要性。大数据时代对人类的数据驾驭能力提出了新的挑战，也为人们获得更为深刻、全面的洞察能力提供了前所未有的空间与潜力。

最早提出大数据时代到来的是全球知名咨询公司麦肯锡：数据已经渗透到当今每一个行业和业务职能领域，并成为重要的生产因素。人们对于海量数据的挖掘和运用，预示着新一波生产率增长和消费者盈余浪潮的到来。"大数据"在物理学、生物学、环境生态学等领域以及军事、金融、通信等行业存在已有时日，却因为近年来互联网和信息行业的发展而引起人们关注。

大数据在互联网行业指的是这样一种现象：互联网公司在日常运营中生成、累积的用户网络行为数据。这些数据的规模是如此庞大，以至于不能用 G 或 T 来衡量，大数据的起始计量单位至少是 P（1000 个 T）、E（100 万个 T）

或 Z（10 亿个 T）。

二、什么是大数据？

信息技术领域原先已经有"海量数据""大规模数据"等概念，但这些概念只着眼于数据规模本身，未能充分反映数据爆发背景下的数据处理与应用需求。而"大数据"这一新概念不仅指规模庞大的数据对象，也包含对这些数据对象的处理和应用活动，是数据对象、技术与应用三者的统一。

大数据（big data），或称巨量资料，指的是所涉及的资料量规模巨大到无法透过目前主流软件工具，在合理时间内达到撷取、管理、处理并整理成为帮助企业经营决策更积极目的的资讯。大数据对象既可能是实际的、有限的数据集合，如某个政府部门或企业掌握的数据库，也可能是虚拟的、无限的数据集合，如微博、微信、社交网络上的全部信息。

大数据是需要新处理模式才能具有更强的决策力、洞察发现力和流程优化能力的海量、高增长率和多样化的信息资产。从数据的类别上看，"大数据"指的是无法使用传统流程或工具处理或分析的信息，它定义了那些超出正常处理范围和大小、迫使用户采用非传统处理方法的数据集。

大数据技术，是指从各种各样类型的大数据中快速获得有价值信息的技术的能力，包括数据采集、存储、管理、分析挖掘、可视化等技术及其集成。其适用于大数据的技术，包括大规模并行处理（MPP）数据库、数据挖掘电网、分布式文件系统、分布式数据库、云计算平台、互联网和可扩展的存储系统。

大数据应用，是指对特定的大数据集合，集成应用大数据技术，获得有价值信息的行为。对于不同领域、不同企业的不同业务，甚至同一领域不同企业的相同业务来说，由于其业务需求、数据集合和分析挖掘目标存在差异，故所运用的大数据技术和大数据信息系统也可能有着相当大的不同。唯有坚持"对象、技术、应用"三位一体同步发展，才能充分实现大数据的价值。

当你的技术达到极限时，也就是数据的极限。大数据不是关于如何定义，最重要的是如何使用，最大的挑战在于哪些技术能更好地使用数据以及大数据的应用情况如何。这与传统的数据库相比，开源的大数据分析工具，如 Hadoop 的崛起，这些非结构化的数据服务的价值在哪里？

三、大数据的类型和价值挖掘方法

（一）大数据的类型大致可分为三类

1. 传统企业数据

包括 CRM systems 的消费者数据、传统的 ERP 数据、库存数据以及账目数据等。

2. 机器和传感器数据

包括呼叫记录、智能仪表、工业设备传感器、设备日志（通常是 Digital exhaust）以及交易数据等。

3. 社交数据

包括用户行为记录、反馈数据等。如，Twitter、Facebook 这样的社交媒体平台。

（二）大数据挖掘商业价值的方法主要分为四种

1. 客户群体细分，然后为每个群体量定制特别的服务。

2. 模拟现实环境，发掘新需求的同时提高投资的回报率。

3. 加强部门联系，提高整条管理链条和产业链条的效率。

4. 降低服务成本，发现隐藏线索并进行产品和服务的创新。

四、大数据的特点

业界通常用"4 个 V"（即 Volume、Variety、Value、Velocity）来概括大数据的特征。具体来说，大数据具有 4 个基本特征。

（一）数据体量巨大

数据体量（volumes）大，指代大型数据集，一般在 10TB 左右，但在实际应用中，很多企业用户把多个数据集放在一起，已经形成了 PB 级的数据量。百度资料表明，其新首页导航每天需要提供的数据超过 1.5PB（1PB=1024TB），这些数据如果打印出来将超过 5000 亿张 A4 纸。

（二）数据类别大和类型多样

数据类别（variety）大，数据来自多种数据源，但数据种类和格式日渐丰富，已冲破了以前所限定的结构化数据范畴，囊括了半结构化和非结构化数据。现在的数据类型不仅是文本形式，更多的是图片、视频、音频、地理位置信息等多类型的数据，个性化数据占绝对多数。

（三）处理速度快

在数据量非常庞大的情况下也能够做到数据的实时处理。数据处理遵循"1秒定律"，可从各种类型的数据中快速获得高价值的信息。

（四）价值真实性高和密度低

数据真实性高，随着社交数据、企业内容、交易与应用数据等新数据源的兴趣，传统数据源的局限被打破，企业越发需要有效的信息之力以确保其真实性及安全性。以视频为例，一小时的视频，在不间断的监控过程中，可能有用的数据仅仅只有一两秒。

五、大数据的作用

（一）对大数据的处理分析正成为新一代信息技术融合应用的结点

移动互联网、物联网、社交网络、数字家庭、电子商务等是新一代信息技术的应用形态，这些应用不断产生大数据。而云计算为这些海量、多样化的大数据提供存储和运算平台。通过对不同来源数据的管理、处理、分析与优化，将结果反馈到上述应用中，将可以创造出巨大的经济和社会价值。

大数据具有催生社会变革的能量，但释放这种能量需要严谨的数据治理、富有洞见的数据分析和激发管理创新的环境。

（二）大数据是信息产业持续高速增长的新引擎。

面向大数据市场的新技术、新产品、新服务、新业态会不断涌现。在硬件与集成设备领域，大数据将对芯片、存储产业产生重要影响，还将催生一体化数据存储处理服务器、内存计算等市场；在软件与服务领域，大数据将引发数据快速处理分析、数据挖掘技术和软件产品的发展。

（三）大数据利用将成为提高核心竞争力的关键因素。

各行各业的决策正在从"业务驱动"转变为"数据驱动"。对大数据的分析可以使零售商实时掌握市场动态并迅速作出应对；可以为商家制定更加精准有效的营销策略并提供决策支持；可以帮助企业为消费者提供更加及时和个性化的服务；在医疗领域，可提高诊断准确性和药物有效性；在公共事业领域，大数据也开始发挥促进经济发展、维护社会稳定等方面的重要作用。

（四）大数据时代科学研究的方法手段将发生重大改变。

例如，抽样调查是社会科学的基本研究方法。在大数据时代，可以通过实时监测、跟踪研究对象和在互联网上产生的海量行为数据，进行挖掘分析、揭示出规律性的东西并提出研究结论和对策。

六、大数据的商业价值

（一）对顾客群体细分

"大数据"可以对顾客群体细分，然后对每个群体量体裁衣般的采取独特的行动。瞄准特定的顾客群体来进行营销和服务是商家一直以来的追求。云存储的海量数据和"大数据"的分析技术使得对消费者的实时和极端的细分有了成本效率极高的可能。

（二）模拟实境

运用"大数据"模拟实境，发掘新的需求和提高投入的回报率。现在越来越多的产品中都装有传感器，汽车和智能手机的普及使得可收集数据呈现爆炸式增长。如，Blog、Twitter、Facebook和微博等社交网络也在产生着海量的数据。

云计算和"大数据"分析技术使得商家可以在成本效率较高的情况下，实时地把这些数据连同交易行为的数据进行储存和分析。其交易过程、产品使用和人类行为都可以数据化。"大数据"技术可以把这些数据整合起来进行数据挖掘，从而在某些情况下通过模型模拟来判断不同变量（比如，不同地区不同促销方案）的情况下何种方案的投入回报最高。

（三）提高投入回报率

提高"大数据"成果在各相关部门的分享程度，提高整个管理链条和产业链条的投入回报率。"大数据"能力强的部门可以通过云计算、互联网和内部搜索引擎把"大数据"成果和"大数据"能力比较薄弱的部门分享，并帮助他们利用"大数据"创造商业价值。

（四）数据存储空间出租

企业和个人有着海量信息存储的需求，只有将数据妥善存储，才有可能进一步挖掘其潜在价值。具体而言，这块业务模式又可以细分为针对个人文件存储和针对企业用户两大类。其主要是通过易于使用的API，用户可以方便地将各种数据对象放在云端，然后再像使用水、电一样按用量收费。目前已有多个公司推出相应服务，如亚马逊、网易、诺基亚等。此外，运营商也推出了相应的服务，如中国移动的彩云业务。

（五）管理客户关系

客户管理应用的目的是根据客户的属性（包括自然属性和行为属性），从不同角度深层次分析客户、了解客户，以此来增加新的客户、提高客户的忠诚度、降低客户流失率、提高客户消费等。对中小客户来说，专门的CRM显然大而贵，故不少中小商家将飞信作为初级CRM来使用。比如，把老客户加到飞信群里，在群朋友圈里发布新产品预告、特价销售通知，完成售前售后服务等。

（六）个性化精准推荐

在运营商内部，根据用户喜好推荐各类业务或应用是常见的，比如，应用商店软件推荐、IPTV视频节目推荐等。而通过关联算法、文本摘要抽取、情感分析等智能分析算法后，可以将之延伸到商用化服务，如利用数据挖掘技术帮助客户进行精准营销，今后盈利可以来自于客户增值部分的分成。

以日常的"垃圾短信"为例，信息并不都是"垃圾"，而是因为收到的人并不需要而被视为垃圾。通过对用户行为数据进行分析后，可以给需要的人发送需要的信息，这样"垃圾短信"就成了有价值的信息。如，在日本的麦当劳，用户在手机上下载优惠券，再去餐厅用运营商DoCoMo的手机钱包优惠支付。运营商和麦当劳可以搜集相关消费信息，例如，经常买什么汉堡，去哪个店消费，消费频次多少，然后精准推送优惠券给用户。

（七）数据搜索

数据搜索是一个并不新鲜的应用。随着"大数据"时代的到来，实时性、全范围搜索的需求也就变得越来越强烈。我们需要能搜索各种社交网络、用户行为等数据。其商业应用价值是将实时的数据处理与分析和广告联系起来，即实时广告业务和应用内移动广告的社交服务。

运营商掌握的用户网上行为信息，使得所获取的数据"具备更全面维度"，更具商业价值。典型的应用如中国移动的"盘古搜索"。

七、大数据对经济社会的重要影响

（一）能够推动增强社会管理水平

大数据在公共服务领域的应用，可有效推动相关工作开展，提高相关部门的决策水平、服务效率和社会管理水平，产生巨大社会价值。欧洲多个城市通过分析实时采集的交通流量数据，指导驾车出行者选择最佳路径，从而改善城市交通状况。

（二）如果没有高性能的分析工具，大数据的价值就得不到释放

对大数据应用必须保持清醒认识，既不能迷信其分析结果，也不能因为其不完全准确而否定其重要作用。

由于各种原因，所分析处理的数据对象中不可避免地会包括各种错误数据、无用数据。加之作为大数据技术核心的数据分析、人工智能等技术尚未完全成熟，所以对计算机完成的大数据分析处理的结果，无法要求其完全准确。例如，谷歌通过分析亿万用户搜索内容能够比专业机构更快地预测流感爆发，但由于微博上无用信息的干扰，故这种预测也曾多次出现不准确的情况。

必须清楚定位的是，大数据作用与价值的重点在于能够引导和启发大数据应用者的创新思维、辅助决策。简言之，若是处理一个问题，通常人能够想到一种方法，而大数据能够提供十种参考方法，哪怕其中只有三种可行，也将解决问题的思路拓展了三倍。

所以客观认识和发挥大数据的作用，不夸大、不缩小，其是准确认知和应用大数据的前提。

第二节　新媒体的内涵与特点

关于"新媒体"，众多的研究者都给出了自己的理解，但目前并未达成共识。浏览各个期刊上开设的新媒体专栏，便会发现其内容包罗万象，涵盖了播客、博客、IPTV、手机媒体、移动电视及数字电视等众多形式。

一、新媒体的内涵

新媒体是相对传统媒体提出的概念，那么新媒体和传统媒体的主要区别是什么呢？

其一，新媒体与传统媒体的基本构成要素有所不同。基于电信网络（包括使用有线和无线通道的方式）而出现的媒体形态，一般被公认为是新媒体。除此之外，很多媒体形态在实质上只是传统媒体的变形。

其二，新媒体具有区别于传统媒体的一些特点。例如，新媒体的首要特征是其无边界性。由于新媒体的出现，传统媒体中广泛存在的边界（信息

发送者与接收者之间、产业之间、社群之间、国家与国家之间)都会被消解了。基于这些新的特点，对媒体行业而言，新媒体无疑能够催生更多新理念和新模式，比如，改变市场参与者的角色、提升节目的专业性，等等。

二、新媒体，新在哪里?

既然称为新媒体，就必须有体现"新"的地方，比如采用新技术，体现出新的形式及以新的理念呈现。本书认为，就这三方面来说，理念上的"新"尤为关键。因为无论是技术的变化还是形式的变化，都只是在原有基础上的完善，不能称为革新。只有以新的理念呈现出来，才能够称为新媒体。

也有很多人认为，只要某个媒体可以进行互动性操作，它就可以被定义为新媒体，但其实这种观点是存在偏颇的。因为并不是所有的新媒体都必须满足互动性要求，虽然互动性是一部分新媒体的显著特征，但不应该将其衡量范围夸大。

立足于这种观点，本书认为新媒体需要满足的条件包括以下四项。

（一）价值

媒体，是指在传播过程中在信源与受信者之间承载并传递信息的载体。这种载体是有价值的，因为受信者需要通过载体获知信息，而信息传递过程中需要满足一定的时间及空间条件，这些都是媒体本身的价值所在。

除了媒体作为载体与工具所具备的价值之外，它承载的信息价值也是媒体价值的一部分，这两者共同构成媒体的存在价值。虽然从理念层面上说，经过科技改造完善的媒体也会吸引部分受众。但事实上，这些受众实现的经济效益根本达不到媒体的成本消耗水平，自然也就不能构成媒体价值的一部分。

例如，在移动互联网时代，市场上的媒体种类不断增加，许多新颖的媒体形式层出不穷，然而只有极少一部分是没有被市场淘汰的。究其原因，其中不乏模仿已存在的理念并尝试通过新包装来吸引受众的媒体形式，也有一部分是因为理念超出多数人的认同范围。这都是未谨慎研究用户形态导致最终研发的媒体在价值体现上不够显著，抑或不能满足消费者实际需求的结果。

（二）原创性

具备原创性是最能体现新媒体之"新"的地方，这一点也是新媒体必须满足的。新媒体的原创性，并不是指由个人或团队独立研发出来的，而是指在时代发展的基础上，在某个时间段里研发出的创新型媒体。其创新不仅体现在形式上，更体现在理念及内容上拓宽了创新意义的传统范围。

例如，分众传媒属于新媒体发展的范畴，体现出了原创性。它的原创性就在于，在某段时间内，根据时代特征诞生新的理念，对传统媒体形式进行了全新的应用。分众媒体产生之后，很多聚众媒体随之而来，它们也都属于新媒体的范畴。因为聚众媒体概念也体现出理念层面上的原创，虽然很多媒体在应用过程中有很多相似性，但原创是指在某段时间里的创新，而这些媒体符合这个条件。

（三）效应

所谓效应，指的是当周围条件满足时，某种动因或原因发挥作用产生的科学现象。新媒体应当能够产生某种效应，也可以说，新媒体能够使其所在的环境发生新的变化，意即新媒体能够对处在特定环境中的用户在视觉或听觉上产生作用，最终产生某种特定结果。

我国于 20 世纪末开启了互联网发展的历史大门，这种信息传播工具的出现产生了显著的作用（或称为效应）。网络的应用在很多方面改变了人们的生活状态，最终导致相关结果的产生。如今这种效应还在继续蔓延，新媒体也有可能在未来跻身主流媒体行列，甚至突破新媒体的概念限定，毕竟任何一种概念都不可能在发展过程中一成不变。

为了更好地理解效应，我们在这里用一个典型案例进行分析。分众无线是分众传媒旗下的广告公司，他们主要通过手机短信向用户发送广告内容，这种应用也属于新媒体应用的范畴。

新媒体蕴藏着巨大的发展潜力，分众无线陷入低谷并不意味着这种媒体形式从此失去了发展空间。相反，这样一种紧跟时代潮流的媒体形式一定会走得更加长远。

（四）生命力

生命力是所有媒体生存与发展的基础，而新媒体也不例外。媒体在其存在过程中会体现出相应的价值，从其价值诞生到结束的时间被称为生命周期。随着移动互联网的发展，我国的媒体处于高速发展阶段，在细分思维的作用下，众多媒体形式不断涌现出来。

　　然而仅在技术应用和形式方面体现出创新是不够的，如今的市场竞争越来越激烈，在竞争中败下阵来的并不在少数。这些媒体形式之所以被淘汰出局，就是因为经营者没有认清媒体的本质及核心价值，只是一味简单模仿，使媒体没有体现出足够的生命力。所以，被市场淘汰的媒体形式也就谈不上是新媒体。

　　在这里，我们仍然以分众无线为例并分析。虽然分众无线的持续发展遇到阻碍，但分众无线所应用的创新概念仍然会继续存在下去，最终以新的姿态出现在市场上，因而这种媒体形式属于新媒体范畴。

　　再如，在交通工具或是公共场所的视频广告，诸如公交车、高铁、超市播放的广告信息，确实能够产生效应，也能体现出媒体的价值。也就是说，它在特定时间内体现出生命力，因此，其属于新媒体的范畴。不过具体到特定经营方来说，其执行状况与创新能力都会影响企业的最终发展趋势。

　　对以上分析加以概括，我们可以将新媒体称为 VOEL 媒体（取自 Value、Originality、Effect、Life 的首字母），若以后三者来概括，就是 OEL 媒体。

　　除此之外，其他的一些因素也会对媒体的发展产生影响，不过就目前来看，通常可用以上这四个因素来判定某个媒体形式是否为新媒体，对于新媒体来说，以上四个因素缺一不可。另外，这四个因素是普遍意义上的，无论是形式上还是技术层面或理念层面的创新，都包括在以上四个因素中。

　　换个角度来说，并不是应用新技术的媒体形式都可以称为新媒体，也并不是采用了新技术就一定能体现出媒体价值。

　　但有些概念也很容易混淆，例如，随着网络应用在我国的不断普及，人们的生活也在发生着潜移默化的改变，在某些情况下，网络已经突破了新媒体概念的限制。但是还有一些在网络作用下诞生的信息载体或工具，或者在网络领域一些特定的媒体形式，也属于新媒体范畴。如博客、腾讯网、人人网等媒体形式也属于新媒体的一种，它们也在特定的时空产生了效应。再以电视购物为例，电视当然属于传统媒体范畴，但电视购物在理念层面具有创新性。这种媒体形式也是随着时代的进步与发展而产生的，所以电视购物也是新媒体的一种。

三、新媒体的特征

随着移动互联网时代的到来，新媒体从传播主体到受众都呈现出与传统媒体，甚至与 PC 端（计算机）互联网时代截然不同的特征。

（一）参与感日渐重要

在移动互联网时代，消费者逐渐成为信息传播的主体，无论是消息、新闻还是广告都可以成为消费者传播的内容。并且随着移动互联网的革新和发展，还为消费者提供了多种交互形式，如转发、评论、吐槽、点赞等，每一项功能都是互动交流的窗口。新媒体的互动特征，让所有广告主倍感欣喜：传统广告互动性较差，广告主没有办法在第一时间接收到消费者的反馈消息，广告投放效益往往不佳。而通过新媒体投放广告，则可以让广告主在第一时间掌握消费者的反馈消息，充分了解消费者的需求，进而即时帮助他们了解产品，向其宣传产品的优势，实现广告投放效益的最大化。

（二）注意力经济凸显

人类传播信息的载体经历了漫长的发展历程：从岩画到竹简、从竹简到纸张、从纸张到书籍、从书籍到计算机、从 PC 客户端到手机移动端。从中可以看出，其总的变化趋势是阅读界面越来越小、阅读时间越来越短。

此外，现代阅读方式具有交互性，每个人阅读的内容是可以由自己不断主动地进行筛选的，这和阅读书籍这类静态沉浸式的传统阅读方式完全不同。在新的交互式阅读中，如果一个人要花很长时间去等待自己想看的内容，那么他会越来越没有耐心，直至离开。根据这一现象，有学者归纳出"3 秒原则"：如果信息内容在 3 秒钟内显示不出来，阅读者大概率会选择离开。

在这一趋势下，新媒体的内容强调视觉吸引力，更倾向于趣味性的短视频和游戏式的 H5 交互页面等。可以说，新媒体的载体更加强调吸引用户的注意力，一切可以有效吸引用户注意力的形式都是新媒体行业从业者"最有力的武器"。

（三）头部内容是关键

在移动互联网领域有一个很重要的词叫"头部内容"，它指那些总是能在主流移动 App 上抢占头条位置的内容。如果新媒体从业者总是能产出"头部内容"，那么就会形成强大的品牌影响力，从而影响消费者的心智。

PC 互联网时代，在计算机上打开网页，阅读空间足够大，可以容纳相对较多的"头部内容"。但在移动互联网时代，手机的屏幕空间极为有限，能容纳"头部内容"的空间被大大压缩。因此，优质内容对显示空间的争夺加剧，谁能总是抢占到"头部内容"，谁就能不断得到关注，进一步强化自己的传播力。

（四）促进社会化传播

社会化传播是指利用用户与用户之间的人际交往关系，由用户主动进行的一种信息传播方式。用户对社交关系有一种天然的信任感，在人际交往关系中传递的信息可以形成口碑效应，一传十，十传百，其影响力自然不言而喻。虽然新媒体的出现使得社会化传播的效果成倍增加，但传播信息的成本却逐渐降低。

如果说口碑营销在传统互联网时代还只是"暂露锋芒"，那么在移动互联网时代，它已经"大放异彩"了。平时常被人提及的 KOL（key opinion leader，关键意见领袖）、KOC（key opinion consumer，关键意见消费者）等，就是用来形容社会化传播中的关键传播人的。他们的意见或口碑对于公众有着巨大的影响力，通过新媒体进行社会化的传播，可以将他们的声量扩散到网络的每一个角落。

四、新媒体时代的传播规律

（一）新媒体时代科学传播的现状分析

1. 新媒体时代社会现状分析

从全球范围看，知识经济社会已经到来，人们已经从物质消费逐渐地转向了对知识和对信息的消费。信息化已经成为时代发展的主流，世界各国纷纷把发展信息技术作为社会和经济发展的重大战略目标。同时，在数字技术的催生下，新一代以数字技术为核心的新兴媒体成为时代的宠儿，在传播速度和传播质量上，媒介信息发生了翻天覆地的变化。而知识经济社会的到来，信息化已成为时代发展的主流以及新媒体成为时代的宠儿，这些都让科学传播带来什么样的影响和产生哪些新的改变和作用，下文就此逐一进行论述。

（1）知识经济社会科普地位提高

21 世纪是人类全面依靠知识创新和知识新应用的可持续发展的时代，世界已经进入全球化知识经济的时代。世界经济合作与发展组织在 1996 年发表的《以知识为基础的经济》报告中对知识经济给出明确的定义：知识经济是建立在知识和信息的生产、分配和使用基础上的经济。它的核心是以智能为代表的人力资本、以高科技为代表的技术知识和以科技为核心构造的生产力系统。这里的知识经济包括人类发明和发现的所有知识，其中主要是科学技术、科学管理和行为科学的知识。

知识经济时代具备八个特征，即时代性、主体性、统一性、永恒性、决定性、保护性、全球性、社会性。随着计算机的普及，全球网络媒体的出现、通信产业的迅猛发展，人类的知识总量迅速增加。另一方面使人类获取知识、应用知识的能力大大提高，并且成为当今世界经济全球化的根本动力。知识经济的繁荣不是取决于资源、资本、硬件技术的数量、规模和质量，而是直接依赖于知识或有效信息的积累和利用。

这种现状对科学传播的影响表现在以下两方面。

一方面，在知识经济时代下，不难发现，要求人们有大量的信息储备和知识储备才能适应。在知识经济的时代，高素质的人才成为重要的资源。而获得这些方方面面的知识，单靠学校的学习是不够的，需要广泛的社会性学习，而这种学习就是对科学传播的正确认识和接纳。因而，科学传播在知识经济社会显得更为重要，它是满足人们对高科技知识理解的前提和基础，同时也是提高普通受众辨别知识和选择、应用知识的指导。尤其对科学技术、科学管理和行为科学等方面的知识的理解，其与一般的普通信息有本质的区别。这就需要在科学传播中积极地学习和涉猎，才能够提高科学素养，适应知识经济时代的发展脚步。

另一方面，每个生活在知识经济时代里的人，都既是科学传播者，又是科学接受者，他们都扮演着双重的角色。所以，在面对纷繁复杂的知识或者是科学知识时，只有具备较高的科学文化素质，才是公众理解科学的前提。知识经济时代对每一位生活在其中的"科学传播者""科学接受者"均提出了较高的要求，这样才能保证科学传播的顺畅进行。

因而，知识经济时代为科学传播提供良好的发展平台和充分发展的舞台，使科学传播的地位日益上升。对科学传播来说，这是个发展的机遇，也充满了挑战。

（2）信息化成为当今时代的主流

知识经济社会的到来，最大的特点就是信息化成为时代的主流，使得当今社会是个以信息技术为基础、信息产业为支柱，以信息价值的生产为产品标志的信息社会。信息化爆炸式的发展，使信息技术在生产、生活中扮演着重要的角色，并从根本上改变了人们的生活方式、行为方式和价值观念。信息成了重要的资源，信息和知识成为推动社会发展的重要动力。知识以"加速度"的方式积累、更新换代，并通过多种形式供给我们选择、为我们所利用，这种变化对科学传播的影响表现在以下三方面。

第一，正是由于信息化的迅猛发展，也导致了"知沟"的出现。由于知识富有者能够比贫困者以更快的速度获取信息和知识，所以大众传播越发达，富有者和贫困者之间的知沟就越有扩大的趋势。因为新的媒介技术随着时间的推移层出不穷，更新替代时间越来越短，所以有的老沟还未填平，新的知沟又出现。而这种不平衡不仅仅表现在经济富有和贫穷者之间，还表现在民族、年龄、职业、文化和性别之间，等等。

这种知识鸿沟的出现就使得科学传播变得尤为重要，尤其对经济落后、教育落后的地区和人们来说，更具有现实的价值和意义。通过科学传播，尽可能地减小和缩小知识贫穷者和知识富有者之间的差距，减小地区的差距并弥补知识的缺失。科学信息在信息化的 21 世纪，也被人们前所未有地需要和渴望着。

第二，科学技术是第一生产力，科学信息也是人们面对"地球村"新生活的必要前提。高端技术、新兴技术不断地充斥着我们的生活，每个人只有迅捷、及时地掌握科学信息，才能够适应当今时代前进的步伐，跟上时代的脚步和节奏。所以，信息化社会成为当今时代的主流，科学信息的重要程度也愈加的提高。

第三，信息量的提高致导进入科学传播流程的科学信息量也会加大，内容繁多、样式多元。这样也为科学传播的技巧和形式，带来了方方面面的变化，因而如何解决科学大众化的有效传播问题成了亟待解决的问题。

（3）技术发展缔造新兴媒体神话

媒介即讯息。每一种媒介发出的信息都代表着或是规模，或是速度，抑或是类型的变化，所有这些信息的形式变化都会介入到人类的生活中，信息的技术特征，从而显得比其内容更重要。而每一种新媒介一旦出现，无论其传递的具体内容如何，这种新媒介的形式本身都会给人类社会带来某种信息并引起社会的变革。从这个意义上说，媒介本身就代表着某种时代的信息，即媒介就是信息。社会的日益媒介化对大多数人来说，传播媒介所提供的信息、形象和思想是认识社会和历史的主要依据。因此，传播媒介不仅是科学文化生产与科学文化传播的工具，同时还决定了文化的类型、风格以及作用于社会现实的方式和范围。

随着社会进步和技术的不断革命，新媒体在社会生活中渐渐来到人们的身边，大众在日常生活中不断地享受新媒体产品。新媒体的出现是以科学技术为依托、以数字技术发展为核心，正是科技的进步和发展提供了新媒体时代的到来。科学技术的力量在这个时代发挥着前所未有的重要作用，拥有坚固不可动摇的地位。新媒体的形式也层出不穷，如互联网、数字电影和电视、网络游戏、可视频的手机，等等。但不论是新媒体的形式多么新颖与花样繁多，其本质都是在技术支撑的前提下完成的。同样作为新媒体时代的新媒介，其传播与接收信息的完成前提也是在数字技术的发展下实现的。

新媒体技术的出现和新媒体时代的到来，打破了科学传播的时空界限。科学家之间的交流和科学家与公众的交流，可以通过网络或者是其他的数字媒体实时地沟通、及时地反馈。同时，基于数字技术的力量，也实现了新兴媒体与传统媒体的互动，缔造了一个传播媒介的神话，对于科学传播的影响表现在以下三方面。

首先，新媒体时代缔造的传播神话就是促进科学传播速度和传播空间的无限放大，其打破了地域的界限和空间的阻隔。网络媒体、手机媒体以及数字电视等媒介平台让科学传播实现了高互动、高共享，并且传播速度是不可低估的，基本上能实现实时的传播。这边的一提交，另一方基本上可以实时地接收到科学信息，达到瞬间完成。这是电子媒介时代、平面媒介时代无法想象和完成的，这就是新媒体时代的超越和优越性。其次，新媒体时代缔造的传播神话丰富了科学传播的表现形式和表达手段。最后，新媒体时代带给每一个人接受信息的便捷性和低成本。现在只要有一部手机或者是能够上网，就可以轻松地看到世界。没有障碍，没有阻隔，也没有时间和空间的限制。新媒体时代缔造的传播神话，创造的神话传播空间，是以往的传媒时代不可比拟的，也为科学传播带来了新的机遇和挑战。

2.新媒体时代传播现状分析

新媒体技术给人类生活带来了日新月异的变化。新媒体时代带来了新的传播方式，以及越来越个性化的传播和多样化的整合，并创造了新的传播格局。新媒体时代的到来，对传播学来说是一次传播媒介的重大变革，对于科学传播来说，也是一次全新的挑战和机遇，而传播背景的变化对于科学传播来说是一次传播格局、传播模式的调整和重塑。

（1）新媒体时代带来多元化传播

新媒体时代带来多元化的传播媒介，新媒体的互动性、信息传播的及时性、信息平台的开放性都对传统媒体的功能进行了补充。新媒体带动了多元化的媒介传播和媒介接受形式，一方面是越来越个性化的"窄播"；另一方面是图文、声音、动画多媒体整合的融合传播，这就是新媒体时代的多元化的传播特性。

①新媒体创造越来越个性化的传播

基于数字技术平台的新媒体，如网络博客、手机媒体、移动电视、数字媒体，等等，将新媒体时代的受众按照职业、性别、年纪以及对新媒体的应用能力逐渐地分层，从而分化为不同的"小众"或者是不同"群体"。如，公交移动电视成为上班族上班和下班时间的主要信息传达工具，网络博客等平台成为网络一族获取信息的媒介手段和工具，手机媒体成为拇指一族的信息重要来源途径，人性化、个性化、及时性、地域性、平民化、通俗化的媒介信息为新媒体时代的人们呈上信息大餐。

自然，针对不同的群体、针对不同的媒介特性，信息的制作内容和传播方式也会因地制宜的有所不同，即信息的编辑主动性和选择主动性加强。同时，信息会结合不同的媒介传递给受众，方便快捷、目标明确、减少冗余信息。

以手机媒体为例，手机媒体成为拇指一族的代言媒介，成为文字短信息、多媒体短信息的重要传递平台。虽然手机基本上已经很普及，但是对手机媒体的功能和使用频度高的受众多集中在中年、青年、少年这些阶段，尤其中青年对手机的多功能应用程度很高。所以，针对这一群体进行科学传播时就要采用"投其所好"的形式，制作的多媒体要新颖、独特，符合年龄层的心理特征；再就是可以开发科学传播的手机应用软件等，吸引充满好奇心的拇指一族主动学习，所有能想到的办法都可以尝试和应用。

②新媒体带动越来越多样化的融合

新媒体多样化的融合主要表现在以下两方面。

一方面是新媒体与传统大众媒体的融合。新媒体是在数字技术基础上发展而来的，在数字媒体搭建的技术平台上，传统的文字、图像和声音等各种资源融合在一起，并长期地保存起来。如，报刊上的过期文字报道和图片可以实现网络化的整合和保存，再搜索再利用；电视节目的一次性播出可以成为资源保存在网络，随时下载和观看；报纸的网络化、电视的网络化都是传统媒体与新媒体整合的实证。同时，随着传统媒体与新媒体的不同组合，也出现了多样性的传播内容和传播方式，手机与传统的报纸结合出现了手机报，数字电视与传统的电视节目相结合出现了卫星电视或者是移动电视，等等。

另一方面，多样化的整合还表现在新媒体与新媒体之间的媒介融合。新媒体最大的特点就是有着图文并茂、影音兼具、迅速及时和双向互动的传播模式。多媒体与多媒体之间根据其不同的媒体特性，很巧妙地融合在一起，如手机媒体与网络媒体的融合，以手机短信、彩信的形式转载互联网上的文字信息、图片信息以及多媒体信息，可以在信息传播和交流上互补。

再如，发布一条有关农业方面的科技信息，既可在专门的农业网站上发表，让专业的受众看到，也可放到门户网站、博客、BBS 等平台上，让更多的受众共享；也可将其内容和形式加以修改后下载或者发到手机上，以短信和多媒体的方式进行表达；另外，一些农业类的报纸也可以转载，进行二次的传播和再次的传播。所以，在新媒体的传播支持下，可以实现多种媒体的融合和整合，既可进行深度的调查、搜索，也可进行长久的保存，打破了传统媒介的许多不便之处。同时，5G 时代的到来，对于科学传播来说又是一次传播形式上的质的飞跃。

（2）新媒体时代重塑媒介传播格局

新媒体技术带动了传统媒体与新兴媒体的融合、新兴媒体与新兴媒体的合作，其传播的内容和形式既有小众化的个性化服务，点到点的传播，又兼具大众服务的特性，点到面、面到面的传播。同时，可以使每一个人又可以同时成为信息的生产者、传递者和接受者，信息在多媒体信息时代无限地扩展和往复循环，打造了新的传媒格局。

①传统媒体的传播模式

传统大众媒体的传播途径是一种单向式的传播结构。充当大众传播媒介的是平面媒体报纸、杂志等，电子媒体如广播、电视等。信息由传播者进行加工后通过大众媒体传向受众，传播过程中信息受到环境的影响和制约，导致受众对信息接收的滞后性以及受众对信息的反馈程度很低，甚至是难以进行反馈。同时，由于环境对传者信息的作用影响，加之传统媒体自身在传播时间和空间上的局限，信息的准确程度的把握和受众的反馈无法及时到达造成了信息传递中的不顺畅，这对于传播者和受众来说是一种考验。传统大众传播的单向传播模式明显地表现出信息传递的滞后性、延迟性和反馈的不及时，甚至是无反馈的传播弊端。

②新兴媒体的传播模式

与传统的大众传播模式相比，新媒体时代的传播最大的特点是受众接受信息的实时性和信息反馈的及时通畅性。基于数字技术构成的新媒体时代的传播媒介，如数字电视、手机媒体和网络博客，等等，其传播的特性和媒介的特性决定了信息由传播者可以通过各种传播渠道及时有效地到达受众，这就是明显的"窄播"传递，不同的受众可以选择不同的媒介终端来接受信息。同时，作为受众，可以通过各种传播媒介及时地反馈到传者那里，甚至是受众和传播者可以直接通过新媒介实时地对信息进行交流，传者与传者间、受者与受者间同样可以进行互动。同样，由于传播媒介的多样化、小众化、细分化和灵活化，受到的传媒环境影响也复杂化，这对新媒体时代的传播来说也是一种新的挑战。

（二）新媒体时代科学传播要素的规律性分析

传播规律是存在于传播运动过程中的不以人的意志为转移的客观法则。自然，科学的传播的规律就是存在于科学传播过程中的不以人的意志为转移的客观法则。新媒体时代改变了这个时代的传媒格局，也带来了新的传播方式。对于科学传播来说也是一个全新的考验，只有找出存在于科学传播过程中各个环节的变化，才能发现科学传播的规律。本文结合拉斯韦尔的5W传播模式，分析了科学信息来源、科学传播渠道（媒介）、科学传播内容和传播者、接受者发生的变化，研究新媒体时代影响科学传播规律的要素。

1.科学信息来源分析

（1）科学信息来源多样化

在传统媒体时代，科学信息的来源有其固定的源头，基本上都是由从事科学研究的科学家、科学研究机构、报道科学信息的媒体从业人员以及作为权威部门的政府机构发出的。科学信息的数量是有限的，并且有其固定的传播模式和传播渠道，因此可以追本溯源。普通受众要想获得科学信息是有渠道可循的，并且，传播科学信息的大众媒介的影响范围和传播速度也是有限的。

但是在现代传播中，随着技术的进步和新媒体时代的到来，信息大爆炸的催生，大量的科学新内容越来越以加速度的态势每天铺天盖地地冲击着人们的生活，影响着人们生活的方方面面。并且作为科学信息不仅仅是简单的从科研人员、科学专家和政府部门的权威人士及媒体从业人员处获得，一些从媒介渠道获得科学信息的受众会进行再次的科学传播；同时，信息来源的方式和手段变得多样化和更加丰富。科学信息的传播主体由职业新闻工作者独家垄断转变为社会公众共同分享，并且科学信息的传播速度随着媒体的便捷性和快速性以不可估量的速度扩散开去。这样的一种信息来源，必然使科学信息的来源多样化、千头万绪，很有可能一个论坛的有关科学的帖子，或者是来自网络博客的一条个人言论，经过加工和大众的传播逐渐地发展成为一条尽人皆知的信息。因而，新媒体环境下的媒介环境，最直接的影响就是使科学传播过程中的科学信息来源多样化、复杂化，进入传播过程的科学信息总量增加。

（2）科学信息真伪辨别难度加大

在传统媒体时代，由于科学信息来源的固定性和权威性，一般是经过科学家本身、科学共同体或者是政府部门及媒体的专业报道人员来进行把关的，因而其信息的质量和可信度是十分高的，更是权威性的和不容置疑的，基本上也是科学传播的"金科玉律"。进入传播系统的科学信息也经过严格把关才进行报道的，科学信息的真实性较大。尽管也会出现假科学和伪科学信息，但是毕竟是少数情况，其总量相对来讲是小的。但是在新媒体时代，情况却复杂化。

知识信息时代，新兴媒体的诞生为信息知识的传递铺砌了阳光大道，所有信息的流通和传播前所未有地畅通无阻。在这样一个信息大爆炸的社会里，一方面是信息的过剩，每天接收到的新信息无所不有、目不暇接；另一方面是有效信息和冗余信息的相互掺杂、难以辨析。比如，现在采用许多途径将科学信息夹杂在广告和一些产品的解释说明中，看似是科学的合理解释，打科学牌，走理性的解说道路，但其中的科学信息是否真实，值得我们辩证地看待。所以，信息接收环境的复杂性，各种影响因素包括政治的、经济的、文化的和个人的因素等影响着我们的生活。

新媒体时代方便快捷的信息搜索引擎，使得进入传播体系中的科学信息被无限地公开和放大。一条科学的设想或者是一条发布在网络某一角落的东西都有可能经过人们的竞相传播，成为尽人皆知的"科学信息"。因此，信息公开范围的无限扩大，一半欢喜一半忧。原本科学传播的宗旨便是达到科学内容的大众化，通过媒体传递给普通大众，所以信息范围的扩大，对于科普来说是个机遇；但是同样也给伪科学或者是一些借机假科学图谋不轨的人找到了出口。因而，信息公开范围的扩大，在"大传播"的同时也增加了科学信息真伪辨别的难度，对我们阅读信息和辨别信息的能力要求大大地提高了。

2.科学传播渠道分析

多媒体媒介融合了传统的传播途径与新的传播途径；同时，新媒体之间的相互合作和相互整合，又带来了小众窄播与大众传播之间的相互配合。科学信息和科学知识通过数字移动媒体、手机媒体、网络媒体铺天盖地地，无时无刻地传向世界各个角落，到达受众目的地。不同的受众群体通过不同的多媒体媒介，接受适合其接受心理、接受形式的科学内容，易于理解和消化，实现有效的科学传播。小范围的群体与大范围的受众，通过不同的传播媒介潜移默化地获得科学知识。

（1）传播媒介的多样性和快捷性

在没有报纸、广播、电视的年代里，人们的传播仅限于口头在人与人之间的传播，人是当时的传播工具，其传播速度也是十分有限的。当大众传播出现之后，其传播空间和传播速度均大大地提升。但是媒介的选择仍是有限的，只有报纸、广播、电视、杂志等。新媒体时代的到来，任何一项以数字技术为基础的介质都有可能成为传播工具和传播媒介。甚至随着5G时代的到来，身边的任何一项能够应用数字技术的介质都有成为传播媒介的潜质，如一个眼镜、一面玻璃、一块手表，等等。同时，其传播速度是超出想象的，无论是远隔重洋，还是在地球的另一端，基本上可以进行实时或者是及时地传播。所以，许多的科学家和学者越来越多地以网络会谈替代了实地的论坛，省时省力。

此外，科学传播的媒介不仅越来越多样化，还更便捷化。在大众媒体时代，能够接触到传播媒介的人是有限的，同时需要烦琐的过程和按部就班的程序，才能最终实现一条科学信息的传播。随着新媒体时代的到来，真正创造了一个传播空间的神话。网络媒体、数字电视、手机媒体充斥在人们的身边，每个人在理论上都可能成为科学信息的传播者，同时也不需要那么烦琐的过程。比如，一个科学家在自己的博客中发布一条科学消息，很有可能被有心人发现转载到论坛或者是其他的媒介中，并不断地转载和再传播，其影响力和效果甚至会超过科学家本身的想象。就是因为传播媒介的大众化，传播技术的便捷化，促使科学传播越发轻易地实现和反复地进行着。

（2）传播空间的无限泛化和往复循环

在旧媒体时代，报纸、广播、电视由于其本身固有的传播特质和存储容量，都会或多或少地阻碍传播速度，并且信息总量和保存时限是有限的。每种媒体都有其自身无法克服的弱点，如报纸承载的信息量有限、传播速度慢，广播、电视信息也转瞬即逝，不易保存和保真，因而这一时期信息的反馈和传播空间也是迟缓和有限的，不利于信息的再传播和再储存，传播的周期较长、更新循环速度较慢。

与传统的媒体相比，以数字技术为基础的新媒体拥有一些传统媒体无法比拟的优势。在新媒体信息技术提供的海量信息中，信息传播的深度、广度与发散度是毋庸置疑的。百度、谷歌这样的搜索引擎，以及相关的门户网站成了信息的最便利搜集地，无限的信息连接使我们能够快速找到更多的相关链接、文字、新闻、图片、视频，铺天盖地。而且网络媒体往往成为信息的集散地和发源地，传统媒体的许多话题和报道均来源于此，新媒体与传统媒体互通有无、取长补短，可以使信息无限地往复循环，无限延伸。想要更清楚地了解一个科学事件，已经变得十分简单，只需通过网络搜索和点击链接就能够轻松地掌握。这样一个往复循环的信息传播特性，为科学传播创造了一个新的传播空间。

科技信息的飞速发展，既改变了我们的生活方式和生活态度，也改变了我们对传统的科学知识的接受平台和接受方式。有人把电子媒介中的电视称为"闯入型媒介"，如此的话，那么新媒体更是一个不得不被接受、甘愿任其闯入的媒介。从旧媒体时代到新媒体时代，是一个传播空间从有限传播到无限泛化的过程，这样的转变使得越来越多的人可以轻松地接触到科学信息，并在潜移默化中愿意成为科学传播的受传者。总之，科学传播空间的变化，使新媒体时代的人们越来越熟识科学知识、科学信息，不再排斥和感到陌生，自然会改变心理轻而易举地接受、认知和运用。

3. 科学传播表现形式分析

（1）科学传播符号的变化

在传统媒体时期，承载科学信息的媒体大部分使用的是一种或者是两到三种传播符号。如报纸，使用较多的是文字和图片的结合，也就是图文配合、相辅相成来传播科学信息；广播使用的是语音符号，最为抽象，本身不利于科学信息的传播；电视相对来讲是最好的媒体，可以实现文字、图片和影音的三者结合，在传统媒体当中，应当是最全面和最利于科学传播的媒介。传统媒体时代的传输信号，使用的是模拟信号，其信号的速度、稳定性和清晰度是有限的。

随着新媒体时代的到来，网络媒体、手机媒体等基于计算机技术新兴的传播媒介，其特性决定了可以应用多样化的符号来实现传播过程。如，网络媒体，包括文字、图片、声音、影像、动画、超链接和模拟动画，一切的一切可以应用和想到的手段都可以在这个媒介平台上实现和共同配合，用实现来科学传播。再如手机媒体，随着5G时代的到来，视频手机的应用也打破了传统的以文字短讯、图片和简短的动画形式传播科学信息的界限，大量的视频和影音以及数字模拟动画可以综合地运用，为科学传播提供了更具深度和广度的媒介平台。此外，户外媒体广告、楼宇广告的发展和普及，色彩的运用和大屏幕的冲击都成为新媒体时代科学传播的亮点。

新媒体时代的到来，改变了传统媒体时代科学传播符号的运用，更讲究多种符号的综合使用以呈现内容的细节和完整性。

（2）科学传播总量的变化

在科学信息来源多样化中已经提到，在以往的传统媒体时代，由于科学信息来源由科学机构、政府部门等权威机构进行把关，以及传统媒体传播者数量上的限制，使得科学传播的总量是有限的，并且容易把握，能够追本溯源，找到消息的来源并印证其是否确凿。

随着科技的进步和网络技术的发展，人类进入超出任何时期的知识大爆炸时代。在新媒体的促动下，进入科学传播环节当中的科学信息总量以迅雷不及掩耳的速度闯入进来，致使科学传播总量激增，并且很难把握和统计科学信息的来源与具体的数量及质量。

所以，这种科学信息总量的变化，一方面是科学总量的绝对增长变化；另一方面就是科学信息的"变种"，通过多途径、多媒介的传播使得总的信息流量加大。

（3）科学传播质量的变化

传统媒体时代的科学信息的来源是固定的、是权威性的。充当科学传播的人，不是科学研究人员、媒体从业人员就是政府部门的官方人员，他们在科学传播过程中对科学信息的把握较为谨慎、认真，因而流入到科学传播系统中的科学信息的质量较高、真实度较高，也是有明确的信息来源的，可以追根溯源，有根据地审核。

新媒体时代，科学信息的来源四通八达、无所不在。充当科学传播者的角色已经远远超出了传统媒体时代的那些人，任何一个普通人或者是获得科学信息的人，都可以成为新的科学传播体系中的传播者。同时，媒介的把关人弱化，因而科学信息的来源鱼龙混杂，质量难以保证。很难对每一条科学信息进行追踪是否真实，并且一些捕风捉影的信息也被人们竞相传播，造成了科学信息整体质量的下降。相对于传统媒体时代来说，更需要人们具备一双"慧眼"，有辨别真假信息的能力和素养，因而对每一个人的传媒素养要求大大地提高了。

（4）科学传播技巧的变化

人们对科学的认识和科学的力量越来越重视，从一定意义上，科学力量可以说是推动社会进步的杠杆和基石。科学是对客观事物正确的认识方法和实践活动以及由此得到的知识体系，也是人类对自然规律和社会发展规律的认识和把握。科学的定义决定了科学的文本表达的晦涩难懂，与普通的日常生活语言有着一定的差距和理解难度。同时，科学文本的自身表达对于媒体的传播者和受众来说都具有难度，尤其对于在"冷媒体"下成长起来的新一代来说，越来越趋向于接受简单易懂的媒介信息。因此，科学文本的表达不利于直接的新媒体时代的媒介传达，需要做出相应地调整和媒体再加工。

基于科学知识的严谨精神，决定了科学语言要准确、严密、富有逻辑性，概念明确，善于推理判断，有理有据，不能有半点含糊，要有说服力使人信服。但是生硬的和专业性的科学语言，一些学术术语晦涩难懂，不利于大众媒体的传播。因此，科学语言的媒体再加工，在文字上要经过形象化的处理，准确易懂，又不失科学的本真和严谨。多媒体时代的语言是多媒体化的语言，是集合了文字、图像、声音、动画于一体的立体式语言。因而，科学语言的处理不仅仅是文字上变革，还需要多媒体化的表达。通过运用高科技的数字化技术，制作科普动漫、科普读物，绘制科学图谱，构建科学模型和虚拟的三维科学体验空间以及种种的科技手段，分别作出适合网络媒体、手机媒体、数字移动媒体等传播特性的"科学文本"，才是真正的在新媒体时代对科学语言媒体再加工的本质要求。

科学技术的发展，促进了媒介的发展。媒介的发展对科学内容本身的传播又提出了新的传播标准和要求，只有不断地改变，才能适应新媒体时代的传播脚步，使大众乐于接受科学新知识和新技术，以取得更大的进步和成绩。

4.科学传播者和接受者分析

（1）科学传受者的消解融合

新媒体的特点就在于它的消解力量与消解传统媒体之间的边界，消解国家之间、社群之间、产业之间的边界，消解信息发送者与接收者之间的边界。

在传统媒体时代，充当科学传播者的人群主要是科研机构的学者、科学家、媒体的从业人员、记者编辑以及政府部门的权威人士，对科学信息的报道和发布应是严谨的和遵循一定的规则和传播准则。充当科学传播受众的是普通的大众和百姓，而且科学传播经常被看作一种上令下达的过程，带有一定的距离感和权威性；同时，为了保证传播模式的优化，建立了中国科学的社会建制化。中国的科学建制化从一开始就依靠国家的支持，把国内优秀的人才集中起来成为科学研究实体。中国的科学建制化对于在艰苦条件下科学技术的进步和发展、科研成果的取得起到了不可小觑的作用。

但是，随着新媒体时代的到来，对于科学传播来说，这种科学的建制化拉大了普通民众与科学之间的距离。在以往的科学传播中，科学共同体与大众媒体是两个相互独立的群体，他们之间缺乏沟通和相互信任造成的隔阂严重影响了科学传播的效率。所以，另一方面建制化也加深了科学家与大众的知识鸿沟，科学知识显得更为神秘莫测，也是普通的大众难以理解和企及的，已经逐渐地不适应新媒体时代的科学传播。因为在新媒体时代，便捷的媒介平台，使得科学传播的传播者打破了传统的科学家和政府权威人士独占的局面。任何一个普通的人都可以成为科学信息的再次传播者，同时也是科学的接收者，科学的传受者实现了二元统一，难以区分。科学信息基本上是从传播者1——接受者1——传播者2——接受者2——传播者3……这样一种循环的接力赛式地传播开去。这样新的信息和反馈的信息都会融汇到一起进入传播系统当中。

（2）科学传播把关人的弱化

新媒体引起的是一种"交互网络思维"，在这种思维基础上建立起来的科学传播是对科学信息由中央核流向边陲地带，由知识拥有者向被传者的单向、专制传统传播方式的超越。这种"去中心化"的新的传播思维和传播方式，多方的传播消息来源和意见的表达，使媒介的"把关人"逐渐弱化，并逐渐处于"失语"状态，同时也影响着传媒的议程设置功能。

在传统媒介时代，不同的媒介有严格的把关人来把关科学传播和进行议程设置：报纸由记者、编辑和总编进行层层把关；广播由负责编辑把关；电视也有节目负责人的把关，并且都是由本媒介专业的人士进行把关，是及时的和强势的。但是随着新媒体的出现，尤其网络媒体的兴起，网络媒介的把关人，一方面是由于海量信息的反馈和传播会造成把关不及时；另一方面，担任网络把关人的"人"可能不是传统的政府机构、科学共同体或者是科学家本身，而是网络媒体的从业人员，因此对网络科学传播的把关程度会有一定的弱化。

原本传统媒介可以通过将各种议题设置成不同程度的"显著性"的方式，

来吸引公众的注意和对社会环境的认知。但随着新媒体的出现和发展普及，各种媒体多样性的冲击，加之传播者和受众之间的界限逐渐模糊，这种显著性就变得不再明显，媒介的主导能力逐渐下降；同时，这也是信息大爆炸的社会所面对的必然结果之一。

所以，科学知识和科学信息，在这样一个传播环境中，要面对更多的"伪科学""假科学"混迹于此的声音的威胁，对于真正地传播科学知识、科学方法和科学精神来说是个新的考验。

（3）两者新传媒素养要求的提高

无论是在传统媒体时代还是在信息化的社会中，大众媒体已经成为人们获取知识和信息的最重要的途径和方式。人们的生活离不开传媒，离不开传媒构建的拟态社会。面对传媒世界，我们需要学会利用一种语言来解读传媒，辨别是非，而这种语言就是"传媒素养"。传媒素养的高低制约了我们对传媒信息的接受和理解，尤其对于科学知识的解读。美国著名的媒介素养教育家詹姆斯·波特将传媒素养定义为：当我们置身于媒介中时，为了解读我们所遇到的信息时主动采用的一种方法，我们通过知识结构来构建我们的方法。而要构建知识结构则需要工具和原始材料，工具是我们的技巧，原始材料是来自媒介和现实世界的信息。主动采用指我们不但知晓信息，而且还会不断与信息交流互动。

在传统媒体时代，由于科学信息的传播质量较高，人们对传媒的依赖性也还没有如此强烈，因而对受众的传媒素养要求不是很高。但是随着新媒体时代的到来，网络的普及和计算机的应用、新技术的出现和发展，传媒素养的具体要求已经重新上升到一个高度，并且有别于传统的媒介素养，我们将其归纳为"新传媒素养"。

新传媒素养离不开对传媒的一般认识，新媒体在很大程度上包容了传统媒体，是对传统媒体的形式、内容和方法的借鉴、整合和发展。因此，对新媒体素养的内涵可以从对媒体的认识、利用和参与三方面来把握。从对新媒体的认识来看，新媒体具有"多、快、好、便"的特点，新媒体大大改变了人们的认知、交往方式，改变了社会的信息传播交流方式以及相应的人际关系、生产关系、社会关系。新媒体大大地开拓了个人的传播交流空间，产生了飞跃性的延伸。从对新媒体的利用和参与角度来看，虽然人们对于传统媒体的参与机会并不多，但是对于新媒体的参与和利用的机会大大加大且非常普遍，几乎每个人都可以成为新媒体的传播者。因而，人们在利用新媒体进行传播的同时，要具备相关的技术知识、信息知识和媒介传播的知识。能够做到熟练地从媒介获取和发布信息，能够辨别媒介信息的真伪和趋利避害，有自我保护和自我防范意识。

但是，从目前的状况来看，人们对新媒体的认识和应用并没有完全达到应有的熟练度，对新媒体自身的辨别和利用也还没有完全的轻车熟路，这对于通过新媒介传递的科学信息来说更是一个难上加难的理解。因而，对于新传媒素养的提升，以便更好地接受新时代的科学新知识，成了科学传播的发展瓶颈，故需要传播者和受众经过学习和实践得到改善和提升。

第三节 大数据背景下新媒体的变革

无论从技术层面还是人类文明的发展历程来说，新媒体都是一场重大的变革，它会作用于经济领域并使之呈现出新的面貌。这里需要明确的一点是，除了特定的媒体形式可以称为新媒体之外，网络覆盖下的传播媒体领域也属于新媒体，甚至可以将其范围拓宽至整个信息环境，其表现形式并不是单一的。

一、新媒体与传统媒体

（一）新媒体的迅猛发展

新媒体是基于传统媒体来说的，是在报刊、广播、电视等传统媒体之后发展起来的一种新型媒体形态，也是运用网络技术、数字技术等，再通过互联网、无线通信网、有线网络以及手机、电脑等终端，向用户提供信息与娱乐服务的媒体形态与传播形态。与传统媒体相比，新媒体更为迅猛，逐渐成为主流媒体。不得不说的是，新媒体与传统媒体并不是取代与被取代的关系，而是相互融合的关系。具体来说，新媒体是在传统媒体的基础上得以发展的。本章作为开篇，主要对新媒体与传统媒体的关系展开分析与探讨。

1.计算机与互联网

新媒体的发展同计算机及网络技术的发展密不可分。

世界公认的第一台电子数字计算机通常认为是 1946 年面世的、主要用于计算导弹弹道的"ENAC"。它是由美国宾夕法尼亚大学莫尔电工学院制造，其体积庞大，占地面积 170 多平方米，重量约 30 吨，耗电功率约 150 千瓦。

20 多年后诞生的 Internet 可以说是美苏冷战的产物。1969 年，美国国防部高级研究计划署（Defense Advanced Research Projects Agency，DARPA）开始建立一个名为 ARPA net 的网络，将美国的几个军事以及研究系统用电脑主机连接起来。1968 年，美国国防部高级研究计划署网络项目（ARPA net）启动。1969 年，首次网络连接实验成功。20 世纪 70 年代，ARPA net 进入发展的关键时期，由两点链接拓展到 200 多个连接，但仍局限在高级军事领域。1972 年，全世界计算机和通信业的专家在美国华盛顿举行了第一届国际计算机通信会议，就不同计算机网络之间进行通信达成协议。会议决定成立 Internet 工作组，负责建立一种保证计算机之间进行通信的标准规范（即"通信协议）。1974 年，IP（Internet Protocol，Internet 协议）和 TP（Transport Control Protocol，传输控制协议）问世，合称 TCP/IP 协议。该协议为后来信息全球化时代的到来提供了初步的平台，上述协议成为互联网上的标准通信协议。互联网从战争机器转变为人类信息服务的平台始于冷战结束。

2.Web 技术的演进与飞跃

Web 是一种以 Internet 为基础的计算机网络连接技术，它允许用户在一台计算机通过 Internet 存取另一台计算机上的信息，这是网络世界得以建立的基础。从技术角度讲，网络是 Internet 上那些支持 WWW 协议和超文本传输协议 HTP（Hyper Text Transfer Protocol）的客户机与服务器的集合，通过它可以存取世界各地的超媒体文件，其内容包括文字、图形、声音、动画、资料库以及各式各样的软件。这也使得任何新的计算机都可以将散落在网络空间的各种信息进行无缝对接与组合，形成新的站点和内容。也可以表达为，超文本、超链接、超媒体是 Web 技术的重要表现形态。Web 技术的发展经历了以下几个阶段。

（1）Web1.0

Web1.0 指 Web 的第一代实用技术形态，始于 20 世纪 90 年代，其主要使用静态的 HTML 网页来发布信息。从传播学的角度看，Web1.0 形态仍属于传统的媒介信息传播阶段，即信息发布者扮演着精英的角色，其传播信息是"推送式""灌输式",用户浏览获取信息实际上仍然是单向度的传播模式。但与传统媒体相比,Web1.0也有特殊功能,它善于集纳、整合各类破碎、零散、微小的信息,并直观地展示出来,而且用户能在各类网站上通过鼠标点击完成"超链接"。

（2）Web2.0

2004年,欧雷利媒体公司(O'Reilly Media)副总裁戴尔·多尔蒂(Dale Dougherty)在一次会议上将互联网的新动向用"Web2.0"一词进行阐述。随后,公司首席执行官蒂姆·欧雷利(Tim OReilly)组织了一场头脑风暴,描述了Web2.0的框架。由此,Web2.0这一词语成为新媒体受众探讨的关键词并逐步走向主流。此后,一系列关于Web2.0的相关研究与应用迅速发展,Web2.0的理念与相关技术日益成熟,使得Internet的应用在变革与应用的基础上得到进一步的创新发展。如,BBS、博客、威客、维基百科等新兴网络传播形态应运而生。

Web2.0是Web1.0的技术升级与产品优化,其在Web1.0的基础上着重发展了互联网用户之间强有力的互动。在Web2.0时代,用户不仅可以获取信息,还可以交换信息、反馈信息。这样普通用户不仅仅是信息的接收者,也是信息的制作者。在网络信息的传播使用过程中,信息的接收者成为信息的参与者、互动者、分享者,传播主体由原来的单一性变为多元化,草根阶层与精英阶层实现了真正意义上的对话与交流,信息及文件的共享成为Web2.0发展的主要支撑和表现。Web2.0模式大大激发了用户创造和创新的积极性,使Internet变得更加生机勃勃。

（3）Web3.0

Web3.0是Web2.0的升级版,它在纵向上延展了Web2.0的技术范畴与传播维度。早在Web2.0的概念被媒体广泛关注时,Web3.0的设计就已开始。Web3.0是建立在全球广泛互联节点（与用户）无障碍互动的概念上的,具有人工智能的特征。如果说Web2.0和Web1.0解决了互联网"读"与"写"的物理与逻辑层问题,那么Web3.0要解决的则是在这两层上的表象或语意层的问题。具体来说,Web3.0网站内的信息可以直接和其他网站相关信息进行交互,能通过第三方信息平台且同时对多家网站的信息进行整合使用。用户在互联网上拥有自己的数据,并能在不同网站上使用,完全基于 Web，用浏览器即可实现复杂的系统程序。

Web3.0 是一种更加深入、更加专业、更加广泛的技术，相比 Web2.0 的互动更加深入，它创制了一个虚拟的类像世界，能让用户体验仿真的快乐与模拟的真实。

总之，媒介技术的发展在不断地服务于人类社会的需要。Web1.0 满足人们对信息的需求；Web2.0 解决了人与人之间的交往与互动；Web3.0 深化了互动机制，不断满足人们对现实世界的虚拟体验以及仿真模拟的需求。

3. 网络及媒体

从 Web1.0 到 Web3.0，不仅是网络技术和网络应用的发展，其本质上也是信息传播途径及传播方式的革命性变化。在传统社会，人们依赖书籍、报刊及广播电视来传播和接收信息，而网络技术的发展为人们提供了另外一条途径。这场信息传播的变革当然不可避免地对以报刊和广播电视为代表的传统媒体形成了巨大冲击。

这种根据网络技术发展形成的信息传播新途径足以同任何一种传统媒体形式相提并论，于是人们自然地开始用新媒体这个概念来形容和概括这种新形态。

（二）新媒体的优势及其给传媒业带来的冲击

从传播学的分类来看，目前，较通行的是将传播分为五类：内向传播、人际传播、群体传播、组织传播、大众传播。新媒体传播将人际传播和大众传播融为一体，是一种全新的、特殊的传播类型。

新媒体的基本技术特征是数字化，基本传播特征是互动性。新媒体具有信息量大、使用方便、检索快速便捷、图文声像并茂、互动性强、信息通过计算机网络高速传播，以及信息获取快、传播快、更新快等特性。并且具有计算机检索功能、超文本功能，是一种具有强大生命力的传播媒体，给人类社会带来了深刻影响。本节就来具体分析新媒体的优势以及其给传媒业带来的冲击。

1. 新媒体的优势

（1）信息量大、内容丰富

互联网能够使用户共享全球信息资源，没有任何一种媒体在信息量上可以与海量信息的网络媒体相提并论。报纸若多印 1 万字的内容，就需增加一个版，会给印刷、排版、发行、成本带来很多问题。广播、电视更是这样，内容要精确到几十秒、几秒的时间，字有时要算到几十个。但新媒体则不同，它存储数字信息的是硬盘。容量大的优势还体现在新媒体的专题报道和数据库中，新媒体可以不限时、不限量地贮存和传播信息，运行各种信息数据库，读者可以对历史文件随时进行检索。对新闻传播来说，新媒体的这一重要功能开拓了实施"深度报道"的新的纵深途径，它能够保证读者对新闻发生的广阔背景以及所造成的影响进行全程观察，从而更准确地判断生存环境发生的真实变化。

（2）传播与更新速度快

新媒体是一种数字化传播，它将一定的信息转换成数字，经过转播，数字在操作平台上还原为一定的信息。由于其传播的介质是比特（bit）而非原子，因此，这种传播就具备了迅速、快捷、方便和"高保真"等优点。新媒体可以通过互联网高速传播并实时更新，可以像电台、电视台一样进行实时、实况报道，显然优于传统的传播方式。新媒体传播速度快、时效性强，且它不受印刷、运输、发行等因素的限制，信息上网的瞬间便可同步发送到所有用户手中。

新媒体的更新速度快，而且更新成本低。新媒体的更新周期可以按秒计算，而电视、广播的周期以天或小时计算，纸质报纸的出版周期以天甚至以周计算，纸质期刊与图书的更新周期则更长。

新媒体可以做到同步传播与异步传播的统一。新媒体的即时刷新提高了新闻的时效性，其本身"接收的异步性"又方便受众随时随地接收。接收的异步性还可以使受众不受媒体传播时间的限制，并按照自己的需要随时接收信息。

2.新媒体给传媒业带来的冲击

媒体技术发展一般会经历三个阶段。新媒体初入世界时是供人娱乐的玩具，谁也没有注意它们的内容。人们习惯了新技术之后，技术就退居次要地位而进入了现实的镜像阶段，人们也开始对内容做出回应。有的时候媒体还会进入第三阶段，此时的媒体就不仅反映现实，而且要重新安排、重新构建现实。新媒体的发展也正在经历这样一个过程，越来越多的人已经关注通过网络呈现出的丰富内容和不同媒体形态。新媒体的继续发展必然会进一步改变现有的传播方式，并有可能打破传媒业和通信业、信息技术业的界限，打破有线网、无线网、通信网、电视网的分割，兼容整合各种媒体形态，塑造了新的传播格局。

（1）传播主体更加多元

新媒体的发展使介入新闻信息传播的主体进一步趋于多元。新媒体是以运营商为主导发展起来的，目前，网络运营商正在实施战略转型，即通过多网络、多终端、多业务的融合和价值链的延伸，实现由传统基础网络运营商向综合信息服务提供商的转变。新媒体的个人化趋势十分明显，普通网络用户可以通过网络方便地采集、发布信息，"个人媒体"有可能得到较大发展。可以预计的是，传播主体多元化，特别是个人掌握的传播工具越来越多，在信息传播中的地位空前提升，个人发布信息、形成舆论、"动员社会""穿透"管理的能力不断增强，产生不良信息和不可控因素的可能性大大增加，不可避免地会对主流舆论形成冲击。

（2）媒体生态更加复杂

网络成为一种崭新的传播媒体，使媒体生态更加复杂、传播主体更加多元、受众分化更加明显、舆论引导难度明显加大。这对既有的信息传播秩序带来了深刻冲击，特别是对传统的媒体格局和当前的新闻宣传工作带来了前所未有的影响。

我国正处于传媒事业高速发展、传播技术深刻变革的时期，媒体数量十分庞大，新型媒体不断涌现，传播渠道多种多样，媒体生态环境日益复杂，不同媒体间的竞争态势也较为明显。新媒体迅速发展可能导致部分传统媒体覆盖面有所缩小，甚至出现被互联网边缘化的情况，主流舆论阵地面临新的压力。

（三）传统媒体的转型升级

新媒体给传统媒体带来了冲击，然而正是由于新媒体的出现使得传统媒体出现危机感，并促使其自身转型升级，去应对瞬息万变的世界。在定位上，传统媒体面临挑战，所以应该转变思维，重新思考自身的媒体定位，确定自身的受众人群，从而实现自身的媒体价值。

1. 广播媒体的转型

（1）转变经营理念，洞察市场需求

①开发及抢占听众市场，培养受众群体

在当前的时代背景下，广播行业若想得到长足的发展，必须摒弃传统"大众传播"这一发展理念，通过借鉴其他国家的成功经验，打造"分众化传播"这一模式。一方面，资源的丰富性赋予听众更多的选择权，这样一来，弱势媒介组织将会流失大量的受众。在这样的情况下，应稳定一批忠诚度较高、质量好、中小规模的听众，以保证频率的生存以及组织的日常运作。另一方面，当进入信息革命时代，信息爆炸现象愈加明显，在互联网上，每一分每一秒都可能会刷新出数以百万的信息，促使传统新闻变得同质化，丧失了及时性、便捷性等特征，同时也加大了工作人员的负担。所以，可通过细化受众来为节目增色、保证传播质量。我国广播新闻同质化现象严重、广播频率缺乏实时性与专业性，在这样的情况下，若要在市场上占有一席之地，势必要做好以下几方面的工作：a. 合理利用人力资源与媒介资源，对节目或新闻进行精准的定位，进而开发分众市场。高质量的媒体内容并非是仅凭想象便能制作成功的，而是需要以发达的媒介资源以及专业化人才为依托的。其在于新闻记者是否有报道新闻的人脉、能力，是否能及时与其他媒体建立合作关系，将重大新闻或突发性事件传播出去。特别是在与民生、体育、科技或财经相关的报道中，对新闻工作者的人脉、专业要求更高，倘若不考虑自身的实力，而盲目地追求"尖、精、高"，那么久而久之将会失去竞争资本，新闻质量与及时性也无法保证。所以，要全面估量新闻媒介所能覆盖的高度、地域与行业，并以此为依据打造优质的、符合受众需求的节目，以此来吸引客户群体。b. 在保留原有用户的基础上，开发新的分众市场。20世纪初期，我国广播行业便致力于频率专业化改革工作，截至目前已初步分化完成，并建立了很多具有代表性的地方电台，并且均拥有一大批忠实的听众。细分目标受众以及对节目的定位，并非是一项艰巨的、难以完成的任务，而是对原有结构、理念的提升与改良，开发更多的分众市场，也是媒介组织生存与发展的必要条件。所以，分众传播的改革工作并非是一蹴而就的，应历经长久的岁月方可完成。c. 了解受众对节目的需求，作为开发节目的依据，意在吸引更多的忠实受众。分众化传播的改革是为了寻求更多的忠实听众，以增强品牌的影响力，所以应充分了解受众的节目需求，并以此为依据开发新的、具有创意的节目，以充分满足他们的个性化、多样化需求。由此不难看出，开发分众市场是一个不断改善、调整的动态过程，这主要是因为受众对节目的偏好与需求是变化的。在锁定目标受众之后，应开展大范围的调研活动，以了解他们的喜爱与偏好，并依据他们的评价与意见对节目内容进行修改与调整；同时，预知他们新的需求与动态，作为调整节目、开发新节目的核心条件。

②利用网络渠道，拓宽经营视野

借助网络这种全新的模式能够高效地整合世界各地的信息资源，不同区域的距离会被缩小，交流与沟通更加便利。相对于传统性媒体来说，网络模式的引进便是一种全新的途径，也为广播活动的发展提供了有利的条件。就目前的发展状况而言，尽管网络的介入打破了广播媒体在不同地区间传播的限制性因素，但很多广播活动仍带有较强的地域性特色，这就导致了听众范围的狭窄，这类电台的听众一般也只能局限于本地的居民。

所以，对于一些地方层级的电台，应该注重对自身本土化特征的研究，这样才能有效凝聚听众。这种方式的积极意义在于：首先，立足于本地特征，征集居民身边的素材和热点事件，能更好地服务于本地民众；其次，只有立足于本地，传播的新闻才能引发听众的共鸣，也才能更好地维护当地民众的利益，听取民众心声；最后，广播活动只有先巩固了本地听众，才能进一步拓展自身的影响力，才能具备稳定的发展基础；另外，广播传媒这种方式要积极寻求与其他大众媒体的互助，这样既能拓宽自身新闻素材的搜集面，也能提升自己的影响力，以确保广播活动的涉及面和覆盖范围。

（2）借助新媒体资源，加强媒介合作

①利用新媒体信息资源，丰富新闻信息

与传统的广播新闻不同，新媒体有着明显的技术优势和资源优势，它其实就是依靠网络技术手段建立的一个巨大信息库。这些海量信息给广播新闻媒体也带来了不小冲击，但如果广播媒体能够充分利用新媒体的优势，必然也会得到新的机遇。需要从新媒体海量的信息库中获取有价值的新闻线索。新媒体的技术特性体现在其方便、快捷的网络手段，更重要的是其互动性。

当一个用户的"自媒体"信息出现时，马上就会有相关信息的评论、留言，而这些评论、留言中往往蕴藏着重要的新闻线索，这时我们就要充分利用这些有价值的信息。对新闻媒体而言，如何保证获取有较高价值的新闻线索是其长期发展过程中最应该考虑的。因为一个广播新闻媒体要想成为行业的领头羊，就必须在第一时间获得更多、更有价值的社会热点新闻线索。

传统新闻媒体可以在新媒体的巨大信息库中寻找有价值的线索，进行核实、补充、整理，从而形成一则新闻报道。这些新闻报道随着各大媒体网络进行广泛的传播后，又会产生新的舆论焦点，比如，著名的证明"我妈是我妈"事件，就是由一个奇葩证明事件引起了全社会的关注，这些都是通过新媒体网络爆料出来，再由传统媒体跟踪报道的。再就是随着网络社交工具越来越多，新媒体为广播新闻记者带来了不少方便，如足不出户就可以进行QQ采访，微博、微信互动，电子邮件采访，视频采访等，节约时间的同时采访效率越来越高，采访范围也逐渐扩大。新媒体还可以充当广播新闻的信息来源，对新闻进行穿插播报。

现在越来越多的新闻播报厅都会放一台显示器，在主播播报新闻的同时，显示器中也会出现相关信息的群众留言、评论或者相关视频，采用多媒体和传统播报相结合的方式进行补充并丰富广播新闻内容。最后，新媒体信息也可作为直接新闻来源进行广播播报。相比传统的新闻记者采访，新媒体的受众是全社会。某一事件发生时每一位在现场的群众都可以通过新媒体技术直接上传事件的发生过程，但同时也会出现很多需要甄别的信息，媒体需要判断其真伪，以免出现假新闻造成播报事故。

②利用新媒体途径资源，扩展播出渠道

只有通过新媒体，广播新闻才能进行较好地传播，其中的原因主要有以下两个：第一，在移动互联网与服务终端的积极作用下，网络广播面临着良好的发展契机。大力推广移动网络广播，一方面可以扩展其覆盖范围，从而构建新型的传播机制；另一方面，也与新媒体社会化的发展要求相适应。为此，在应用终端的功能方面，广播新闻媒体要进行大力发掘，在确保同步播放网络节目的同时，也要满足大众点播与下载节目等需求，并通过终端对音视频资源进行调整，全方位地呈现新闻事件，当中并没有技术障碍方面的问题。第二，借助于新媒体技术，传统广播仅依靠音频来传播的方式得以改变。广播可采用微博等新媒体传播机制，用图片与文字的形式来报道新闻事件，同时还可以借助其他的网络渠道来进行视频报道，如此便使得广播媒体具有了可视性。

从实际上说，以图片来描述新闻事件的方式在诸多广播节目的官方微博上屡见不鲜，通过录音、摄像、拍照等形式来进行访问的情况也大量存在。同时，在新媒体的积极作用下，广播新闻不再受到节目制作形式的局限，还可以及时地公布时效性较强的突发事件。值得注意的是，作为极具专业性的领域，新媒体的营销与管理对从业者的专业技能具有较高的要求，可该问题并未得到广播新闻媒体的高度重视。目前，该类媒体虽然已经朝着新媒体的方向不断发展，可管理媒体的工作却交给身兼主持与记者工作的人员，这就使新媒体的技术优势不能充分体现出来，这也是该类媒体需要高度关注的问题。

（3）明确自身定位，挖掘核心竞争力

在当前竞争日益激烈的市场环境下，广播新闻应不断完善与优化自身的内容与形式，并以乐观的态度来迎接挑战。这就要求广播新闻充分挖掘自身的核心价值，不要局限在单纯地参照网络媒体等新媒体以及电视与报纸等传统媒体在新闻传播上的方式。只有这样才能够最大限度地发挥自身优势，弥补不足，积极应对各种媒介环境。

①通过媒介融合打造广播新闻的品牌

广播新闻的优点较为明显，即信息含量大、信息传播便捷、信号覆盖面广等。但是随着新媒体的出现，上述优点不再是广播新闻的独特优势，其已然成为当前所有媒体的共性。与新媒体相比，在新闻传播上广播处于明显的劣势地位，但是广播在新闻客观性、权威性方面仍然具有无可取代的位置。由于新媒体新闻具有很强的互动性，公众成为发布新闻的一个主体，但在管理机制上新媒体也存在缺陷，因此，极易出现虚假性的新闻。

为了将广播新闻的优势最大化，需要有效融合各个媒介，也需要促进广播新闻的品牌化建设。依托媒介间融合途径，对广播新闻节目加以创新，打造新品牌与当前社会环境较为契合的广播新闻节目有评论类、访谈类以及现场直播类。其中，现场直播这一类型最为常见，其对新闻的实效性尤为关注。采访人员用口头表达的方式力图将正在发生的新闻事件最为全面地呈现在观众面前，使得观众产生身临其境之感。

在广播新闻中，现场直播类最具代表性，因为能够将广播的长处最大限度地展现出来，所以受到了观众的广泛认可。例如，在大型的节庆活动或者突发事件中采访人员将现场状况客观地描述给听众，使得听众通过想象能够感知现场状况，从而对此会留下深刻印象。依托媒介间的互融，在将新闻直播形式的长度扩大化的同时，还为其融入新的理念，可以使广播新闻直播节目朝着可视化形式发展。依托网络广播、移动广播等方式，此种可视化形式得以实现。与电视相比，可视性广播有以下几个不同：播放平台不同，可视性广播平台为网络与手机 APP，这一平台对于观看时间没有限制，较为自由；在发送时间上，传统广播新闻以及网络广播新闻发送时间相同，在收看直播视频时受众具有自主权，能够全面展示直播间情况。这一特点能够带给观众亲切感，拉近与观众的距离。通过可视性广播，受众不仅能够收听新闻还能够观看相关视频，在获取新闻资讯上实现了听觉与视觉的统一。此外，植入视频类广告能够为广播新闻带来一定的经济效益。而且依托媒介间的融合途径，还可促进主持人的品牌化。主持人为受众与媒体两者相连的桥梁，其功能不可小觑。在主持人方面，影响新闻信息传播效果的因素主要有音色、语调以及语速等。

此外，节目的风格与内涵主要是通过主持人的主持风格加以呈现的。依托各媒介的有效融合，将处于"幕后"的广播新闻主持人转移至"台前"，呈现在观众面前的不仅有语言、声调，还包括了肢体语言、面部表情等，进而拉近节目与观众距离，使节目内容更加生动、更富吸引力。面对可视性广播的出现，新闻节目主持人需要应对诸多挑战，只有在肢体语言、外部形象上多加关注，主持人才能够变挑战为机遇，促进自身成长。当前，传媒界已经普遍认同"节目的核心在于主持人"这一观点，大量表现突出的电视以及广播节目都具有能够体现自身品牌的主持人。主持风格以及声音是区别节目主持人的主要因素，通过这些因素可以提高收视率。所以，积极促进广播新闻品牌化建设，能够提高其收视率、提高其市场占有率、促进其健康发展。

②强化广播新闻内容的思想内涵，以观点制胜

在媒介融合形势下，专业媒体间的竞争焦点不再单单是新闻的"独家性"，数字化发展促使新媒体取得了巨大进步，受众随之对新闻内容以及深度产生更大期待，受众的关注点开始放在新闻的内涵以及观点上。对于同样的新闻，在竞争中占据优势地位的是见解独特、观点富有深意的新闻。想要

在新闻广播中占据领先地位，就要保证新闻事件解读与点评的及时性、权威性，同时也能够引领舆论导向。新闻节目的品牌化以及树立起领导地位，需要建立在视角独特、观点新颖的基础上。只有这样，受众才能获知直观、有效的评论建议，才能成就新闻节目品牌。在当前竞争日益激烈的媒介市场，为了谋求发展，各个主流媒体都积极开拓提升路径，媒体间的实力日益均衡。

因此，当前媒体竞争力的强弱主要在于观点。新闻所传达的思想性，并不单单建立在技术层面上。面对新媒体的挑战，广播新闻应当更为关注新闻内容的思想性，从事新闻工作的团队整体需要将工作重点放在信息分析以及信息阐述上，可以邀请专家对当前的社会焦点问题展开讨论与阐述，或者参照公众舆论方向给出相应评论，与此同时要阐明媒体自身的观点。一方面，需要对新闻进行深度解析；另一方面，面对日益增多的要求，新闻工作者的使命有所增加，除了传达信息，还需要帮助公众理解新闻事件，从而正确引导舆论导向。为此，新闻工作者需要具备高度的专业性与社会责任感等。"观点致胜"这一观点能够促进广播新闻发挥优势，弥补不足，依靠特有的新闻视角来提高收视率。

2.电视媒体的转型

（1）坚持"内容为王"

虽然移动网络和数字终端的发展越来越成熟，形式也越来越丰富、普及率也逐渐升高，但是这些只是信息的传播媒介，也是一种信息内容的承载工具。不论电子终端如何多样，其内容都是相同的，信息的传播都是通过文字图像等进行传递的。因此，在各种信息传递过程中，其只不过是将同一种信息通过不同的加工处理形成形式各异的信息资源传递给受众。但是受众获取到信息后的效果是相同的；也就是说，信息的核心价值仍然是内容本身，信息内容的本身才是信息传递的关键。为此，在进行信息传播时，要加大对信息资源的编辑处理，形成各种形式的内容，并通过不同的信息平台发布，以适应不同的信息种类的需求者。这样不但能够扩大信息的传播范围，满足各式各样的人群，更能够实现媒体自身发展的目标，获取更大的利润。

以信息内容为中心，将内容作为信息传播的关键，努力打造出受观众欢迎的节目，从而形成强大的吸引力，电视媒体才能够成功实现新媒体形式的发展。面对日益多样化的需求，人们对于信息的接收已经从被动转向主动，更多地选择适合自己的信息。因此，电视媒体要发展出更多的形式各样的节目，以满足各种观众对信息的需求，还要实现与观众的互动，让观众能够亲自参与到节目的评论中，并对节目提出自己的见解及在新媒体平台上与其他人进行交流。电视媒体只有制作出更多吸引人的、更为丰富的节目，才能够保证和提高受众的人数。在不断发展的过程中，不但要坚持电视媒体的优势，同时还要不断地扩大与其他媒体的合作，形成更为广泛的媒体传播途径。

电视媒体要想更好地发展新媒体业务，就必须坚持内容为王的原则，内容仍然是吸引受众和保持受众的主要因素。另外，要坚持受众至上的理念，受众就是客户，只有认真地对待受众，才能够赢得受众的青睐。在传统的电视媒体中，电视节目的传播主体仍然比较单一，无法满足逐渐增长的受众的需求。因此，面对各种电视终端设备的应用，电视节目的播放不仅仅局限于电视的单一频道，而是要将节目的传播渠道扩展到各种电子终端设备上，形成更加广泛的传播途径。而在节目内容的选取上，要利用各种终端的网友大众发布的新闻信息，采取比较有吸引力的信息资源，将其作为节目的互动话题，能够在很大程度上吸引受众、扩大受众的响应力度。另外，各种电子终端的互联网迅速传播是节目快速传递的一个重要工具。

再就是在内容的传播上，要改变传统的宣传方式，避免枯燥的上下级别的宣传讲解，还要将节目内涵化，将节目设计得更加吸引人、更加生动有趣，能够引起受众的兴趣，激发受众的感官、刺激受众，这样做出的节目才会牢牢地吸引住观众、逐渐增加受众。随着社会的发展，网络语言逐渐成了广泛使用的文化。因此，在主持节目方面，要进行语言方面的创新，尽可能地融汇各种网络文化，这样能够很大程度地吸引受众的注意。另外，在借用广大网友发布的各种火爆新闻时，要注意对这种消息进行适当的加工处理，尽可能地进行信息的整合和深入的挖掘。因为毕竟广大网友没有专业性的知识，所以发布的信息大多是浅显的，如果直接作为节目发布出来，就会显得比较低俗，无法吸引大众。只有将各种信息进行全面的整合，深入地挖掘，才能够在节目中提供更加有价值的信息，也才能真正发挥电视媒体的价值。

电视媒体还要更多地增加节目的互动形式。在各种节目中，互动性会让更多地观众参与进来，从而满足观众参与的需求性。让观众更亲切地感受到节目的制作氛围，从而能够真正地融入节目中。观众互动功能的时限，不仅为观众提供了一个平等的交流平台，而且电视媒体也能够更加平和地融入社会生活中，成为社会生活的一个重要组成部分。在媒体的内容传播方面，要实现内容的多渠道和重复利用，将制作的节目进行跨媒体传播，这样才能够实现资源利用的最大化。而传统电视媒体的节目一般都是不可跨媒体或不可重复的，制作过程中需要巨大的资源和信息内容，这就造成了资源和信息内容的巨大浪费，难以产生较好的效益。

跨媒体内容数据库，其实就是电视媒体在制作节目中产生的各种资源数据。电视节目就是通过挑选和编辑在这一数据库中的各种数据信息然后进行组合而成的。然而，仅仅将这一数据库提供给电视节目使用就显得比较浪费资源，电视媒体应该发动资源优势的主动权，为各种新媒体提供其所需要的数据信息资源，充分发挥出数据库的价值。这样不仅能够降低新媒体发展的成本、提高其各种信息的制作效率，而且能够成功地将电视媒体与新媒体联系得更加紧密，并且为电视媒体争取更多的价值。

（2）实施电视产业结构调整

随着新媒体的不断发展扩张，传统电视媒体的发展受到了很大的挤压。面对新媒体的竞争，传统电视媒体正不断进行产业结构的调整、实施产业链战略，以保证在媒体领域的领先水平。产业链就是指在一个产业中，由于各种生产关系而形成的一系列的企业联系。在一条产业链中，会有从生产到销售服务等一系列活动的企业参与，因此，它们形成的又是一种条状的链条关系。在产业链中，通常包括上下游企业。面对现代社会，单个企业的独立生产已经是在适合社会的发展。因此，在一个产业中必然会有多个企业的分工合作，形成一个特定的产业链，而媒介这一产业也已经不再是电视媒体能够独立完成的。一般来说，电视媒体的运行必须要通过四个产业环节的共同运作来完成。第一环节是内容的供应商，其一般由电视台提供专业的电视媒体内容；第二环节是节目运营商；第三环节是平台运营商，是电视媒体的运营平台；第四环节就是节目的受众，是享受电视媒体服务的人群。随着互联网的发展，电视节目不再仅仅出现在电视平台上，还会出现在网站网页上及观众的智能终端上。由于新媒体是结合互联网形成的，因此在进行运营时，产业链还增加了另外两个新的供应商，一个是提供移动和固定网络资源等互联网运营的网络运营商；另一个就是提供各种智能终端设备的终端提供商，其中包括手机、电脑等设备。在传统的电视媒体产业链中加入这两个供应链，就形成了新媒体的产业链。

在发展的新媒体产业链中能够看出，各环节之间的关系更加紧密，形成了更加强劲的合作机制。由于环节的增加，产业链也变得更加的复杂。整体来看，产业链的基础和关键仍然是处于最上面的内容提供商，因为整个行业的发展都是围绕提供的内容进行的。新增的网络运营商则是整个产业链发展规模扩大的关键所在，是运营渠道的主要提供者，也是传统电视媒体融入互联网并形成新媒体发展的必然结果。在我国的电视媒体向新媒体转型的过程中，产业链的核心和关键出现了很大问题，虽然发展的电视节目越来越多，但是原创的内容却是非常有限，很多电视节目都是相似的，它们内容的相同造成产业的发展受到很大限制。

虽然有些节目进行了创新化的制作，但是由于资源有限，制作规模相对较小，并且随着时间的推移，这些创新的节目仍然面临着被模仿的困境。这些都是因为缺少新鲜的内容，无法做到形成节目的创新，也就无法真正实现产业链的升级。另外，在产业链中，每个环节的主要目的都是创造利益，而我国现在的产业链利益分配却出现了失衡的状态。产业链的利益分配不均衡的现象在很大程度上会导致整个产业链的发展不协调，相互之间的分工合作也出现了问题，无法发挥出原有的整体效应。所以，要想发挥产业链的整体效果，提高整体产业链的水平，就要处理好利益分配，建立科学的分配机制，从而实现产业链内部的合作共赢，加快产业链的发展和平衡。

随着社会的发展及进步，人们的需求日益多样化，为了满足这种多需求的发展需要，新媒体的产业链就要进行产业链的统筹兼顾。不但要发展产业的水平，提高产业的能力，还要增强各产业链内部的合作，实现资源的优化配置。电视媒体要提高与其他媒体企业的合作意识、加大合作力度，形成一条健康发展的产业链。

（3）促进全方位的多媒体融合

在互联网时代，电视媒体的发展必须要适应时代的潮流，而新媒体也在不断地更新变化，各种新媒体之间不但有着强烈的竞争，更是在不断地进行着融合，形成适应能力更强的新媒体。电视媒体的发展同样面临着这样的选择，只有将自己融入日益变化的新媒体中，才能够实现自身的跨越式发展和质的飞跃。在进行融合的过程中，电视媒体要坚持自身的优势，坚持创新，不仅在内容上，在资源上也要使市场和组织方面进行全方位的融合。

电视媒体的融合过程是电视媒体不断更新变化的过程，是不断前进发展的过程，而不是被淘汰的过程。电视媒体融入新媒体中，是相互之间的融合发展，是相互的弥补，而不是简单的替代。在进行媒体融合的过程中，根据融合程度的层次可以将媒体融合战略划分为媒介互动、媒介整合及媒介大融合三个阶段。在第一阶段，进行的是媒体的计划性接触和融合，也是尝试性的融合；在第二阶段，多种媒体之间进行了组织之间的相互融合，形成了全新的媒体组织，相互之间的融合力度加大；在第三阶段，多种媒体进行互融，形成全面全方位的大融合，是一种成熟的融合表现。一个媒体平台的建立，是由多个媒体融合组成的。

在电视与新媒体的融合中，产生了一个新词汇——"一云多屏"，这是在互联网进入后才出现的。"云"其实是互联网中的一个概念，最开始是电信网的代指，后来就广泛地代指整个互联网，是一种抽象的概念。从根本上理解，"云"就是互联网技术的一个集合体的总称。在电视媒体与新媒体的融合过程中，"一云"指的则是电视媒体播放的内容，是一种视频等的集合，而这里的"多屏"则是指视频内容播放的屏幕，如手机、电脑或者是广告大屏等。电视媒体与新媒体的融合，在"一云多屏"技术的实现下，能够将一个节目的内容在各个屏幕之间传播播放，也能够实现信息资源的广泛传播，充分发挥资源的价值。在扩大传播规模的同时，也给电视媒体带来了更为广大的观众，实现了更大的收益。

在实施多媒体融合战略后，电视媒体的新媒体发展将会受到很大的影响，不仅对电视媒体的本身产生影响，也会改变这一产业的效益，并且还会影响到产业方面的政策法规的制定和实施。在媒体融合后，就会改变原有的产业链，形成更加科学、有效的产业链，也就形成了产业升级，而产业升级能够给电视媒体带来更多的收益。在多媒体融合战略中，电视媒体自身的价值得到了提升，电视媒体的产品具有更大的价值，有着更大的收益效应，而互联网等的融合增加了电视产品的传播规模以及受众群体，也增加了传播的渠道。电视产品的发展已经实现了多方位、多渠道的全面发展。在各种技术的融合下，电视产品的生产成本大大下降，盈利能力逐渐提升。

另外，进行多媒体融合战略，改变的不仅是电视媒体的结构，而且其盈利模式也有了一定的改变和创新。在传统的电视媒体中，其盈利模式只有卖广告和卖电视节目内容两种，但这种盈利模式太过单一。其他媒体的竞争使得电视在广告方面的盈利受到很大冲击，而互联网的发展又对电视节目内容的传播产生了很大影响。所以，传统的电视媒体盈利模式已经无法适应时代的潮流，而多媒体融合能够为电视媒体提供更加多样化的盈利渠道和盈利模式，改变了电视媒体盈利所遇到的风险，为电视媒体的盈利开创了新局面。

由于相关的法律规定是根据传统的电视媒体的特点制定的，其适用于传统电视媒体，而在多媒体融合战略发展下的新媒体时代，各产业之间的划分逐渐模糊，相互之间都有不同程度的渗透，故原本单一的法律规范已经无法对现在的媒体领域进行管制。为此，就要根据新媒体融合后的特点制定出适合多媒体发展的新的法律法规。随着融合力度的加大和融合的加深，电信和电视行业之间的区分越来越模糊，有些产品业务的归属也无法确定，在面对这些问题时，法律法规的制定就要更加的细致化和科学化。

在各国不断争夺发展市场的今天，掌握更加强大的竞争力才能够保证自身的发展，也才能够保证国内行业的健康发展。我国的电视媒体在发展新媒体业务的过程中，只有不断地发展多媒体融合战略，进行多种多媒体的融合，才能够保证电视媒体的强大发展动力，也才能增强国内行业的竞争力。这样在应对国外行业的渗入和冲击时，才能保证自身地位的稳定和市场份额的扩展。

3. 报纸的数字化转型

（1）数字化转型的理念

现在的传统报业在数字化转型道路上发展都比较缓慢。有的人认为必须转型，而有的人认为过早的转型是一种企业自杀的行为，当然还有的观点说盲目转型也是一种自灭的行为，各种观念都影响着管理者们的决定。那种坚持不要过早转型的观点阻碍了传统报业数字化转型的发展，成为其转型道路上的绊脚石。其中，"早转型早死"的想法制约着传统报业数字化转型的步伐，所以必须坚持正确的观念来引导发展，也必须把那种传统的以媒体为本位的观点抛弃掉，要坚持以用户为中心，通过不断创新来推动数字化转型的发展。

①摒弃"媒体本位"的传统观念

传统报业数字化转型是比较全面、多样发展的，它主要是在理念、技术、组织和经营上进行多方面的改变。不同的报业集团和报业机构在探索推动数字化转型的过程中，研究办法和手段都是不一样的，但是它们都共同坚持着要抛弃过去的以媒体为本位的观念，必须坚持以用户为中心的观念。

"媒体本位"观念主要是以媒体为中心，并通过单向的方式进行传播，媒体在数据进行收集、加工和传播过程中是垄断的。如果媒体和记者没有选择这个新闻素材和事件，那么它是不可能会通过媒体被传播的。这种"媒体本位"观念阻碍着人的思想的发展和转变，但是随着互联网的不断发展与完善，传统媒体不能再对市场进行垄断。这样一来，媒介的系统发生改变，使人们可以通过更多的渠道和方式来获得新闻信息。

在这样一个竞争激烈的环境下，如果一味地坚持以媒体为本位的观点，那么一定会被行业的发展所淘汰。所以，传统报业在发展过程中必须放弃传统的观念，不断学习和引进先进的媒体技术，推动媒体的传播，从而推动整体经济的发展。所以，不管什么时候一定要学会先改变过去的思维方式和方法。

②改变"读者平移"的思路

"读者平移"似乎是一个模糊的概念，我猜测你可能在谈论关于读者的参与或移动的某种方式。不过，我会尽力提供一些可能性来改变我们考虑读者参与的方式：

媒介互动：在数字化的世界中，读者可以通过各种不同的平台进行平移，例如，从书籍到音频书籍、从文章到博客、从新闻报告到社交媒体帖子等。每种平台都有其特定的受众，通过在不同的平台上展示内容，可以吸引更广泛的读者。

个性化：利用大数据和 AI 技术，我们可以创建出能够根据每个读者的兴趣和喜好来调整其内容的平台。这样读者就可以"平移"到他们最感兴趣的领域，而不是被迫阅读他们可能不感兴趣的内容。

互动参与：读者可以更多地参与到内容的创建过程中，例如，通过社区投票、评论、或者直接的合著等方式。这样读者就不再只是被动地接收信息，而是成为信息的主动创建者。

跨学科阅读：打破传统的学科界限，鼓励读者在不同领域之间"平移"。比如，一个物理学的读者也能找到自己在哲学或文学的兴趣。

增强现实和虚拟现实：通过 AR 和 VR 技术，读者可以以全新的方式来体验和理解内容。比如，可以直接"进入"书中的世界，或者与虚拟的人物进行互动。

以上这些都是改变我们思考"读者平移"概念的可能方式。然而，你的问题可能需要更具体的背景信息来更好地回答。如果有任何具体的场景或问题，欢迎进一步询问。

③建立"以用户为中心"的数字化转型理念

传统报业和新媒体的传播形态是不同的，传统报业的传播是单向发展的，比较单一化，有很多局限。而新媒体的传播是多向的，它可以实现多方位的传播和互动。在这两种传播方式下，用户的感受是不一样的。传统报业只是为了满足自己的读者，而新媒体传播是为了满足所有的用户。这两者相比较，明显新媒体占有绝对的主动权，有更大的选择空间。所以，传统报业必须抛弃传统的观点，坚持创新，坚持以用户为中心来推动数字化转型的发展。

传统报业不断发展，经过转型实现以用户为中心，把用户的体验和满意程度作为重点，从而实现传统报业向数字化转型的发展，提高其传播效益。浙江日报报业集团副社长蒋国兴对传统行业的转型提出了自己的看法，他认为应坚持以用户为中心，找到精准的客户源，进行信息传播，从而提高传播效益。但是要真正实现转型必须不断发展与完善数据库并不断更新数据。

在新媒体不断发展的情况下，新兴市场对传统报业的发展产生了一定的影响。用户作为新兴市场的主人，它们和媒体的联系日益密切，它们可以充当记者或是摄影师的身份，与媒体进行互动、共同传播交流信息，从而推动传播的发展。而这个新兴市场的地位不断提高，它们把所看到的、听到的和拍到的都用心记录下来并且传播出去，构成了非常美丽的信息蓝图。虽然全球传媒业不断地在发展完善，但是并不能实现数字化转型后的可持续发展，就是因为没有形成能够承担传播过程中成本的那样一个市场。

人们希望他们获得的内容信息是他们自己需要和想了解的。所以，我们必须坚持以用户为中心，不断转变观念，推动数字化转型的发展；不断满足用户的需求，来推动内容的传播和社会的发展。

（2）数字化发展的模式

集成服务是从工业领域引入的，这些年来国外的媒体一直在探究分析这些事情。通过把媒体和社交网络、互联网和大数据结合起来共同发展、相互联系，能够对媒体的发展产生有利的影响。这些因素带来的影响，就是要求媒体必须不断创新，以实现整个媒体全方位的发展，提高服务的独特性和针对性。所以，传统媒体在改革过程中必须坚持对生产组织和传播方式进行调整，推动集成服务的发展，从而能够更好地推动企业发展、提高经济效益。

①优化内容

在集成报业数字化转型过程中，主要通过把报纸的内容转移到新的载体上来达到传播的目的。但是经过长期的探究和实践，我们发现这种传播方式不仅导致投入的成本增加，而且使企业的利润降低，最终会造成企业的经济出现危机。但其实，出现这些问题的根本原因就是传统的报业并不能很好地和互联网结合起来共同发展。随着技术的不断发展，尽管传统报业改变了媒介，但是生产运行模式依然是过去的旧模式，没有从根本上改变，因此，阻碍了报业的发展和进步。

传统报业在数字化转型过程中的主要核心竞争力就是信息的内容。如果信息内容不够科学、完整，那么便不会有什么改变和发展，所以必须重视对信息内容的收集和整理、优化资源，让用户更能接受和支持新闻信息。

首先，报业数字化产品内容的生产来源是需要相互交流的。新闻线索的采集在传统的新闻工作中主要是由记者和线索人收集的。随着许多社交媒体的不断发展以及信息传播力量的不断扩展，记者在实际业务中必须利用这些社交媒体来寻找线索和信息。但是记者在寻找信息源的过程中必须充分发挥其主观能动性，否则单靠自己薄弱的力量收集信息的效率会非常低。如果在收集新闻信息的过程中，把互联网和社交平台结合起来，不仅可以提高其效率，还能大幅度地增加信息来源，从而推动报业的发展。

其次，报业数字转型的产品内容必须要重新选择。随着社会的不断发展，人们的工作和生活节奏不断加快、压力也不断增加、城市规模也在扩大，这样用户使用产品的时间减少，导致报业在发展过程中遇到一些问题。所以，报业在数字化转型过程中应该调整内容的结构来满足用户的需求和习惯。同时，必须要不断创新发挥本企业的独特性，借鉴学习先进的技术和优秀的传播方式,取长补短,来推动媒体的发展,从而不断建立、健全数字产品的结构,来提高经济的整体效益。

最后,报业在转型过程中必须发挥其独特性,提高数据资源的整合效率。用户不仅希望获得目标性信息,还更加希望得到相关内容的信息,希望通过关键词来搜索自己想要了解的内容,这就需要充分发挥网站的优势,通过互联网和移动终端来传播媒体的信息内容。所以,传统模式下的数字化转型是比较落后的,也是不适应社会发展需要的,而且互联网在内容上还有很多的问题和不足需要改善,特别是在公信力和经验方面还特别欠缺。

在遇到这些问题时,必须充分发挥媒体的作用,要学会收集优化不同的信息来源,保证其权威性,从而推动传统报业数字化的转型和发展,推动整个行业的发展。

②完善渠道

随着科技的不断进步和发展,获得信息的方式和速度也在不断发生改变。现在越来越多的人都认为传播方式的重要性在不断代替内容的重要性,他们认为如果没有好的传播方式,再好的内容也无法传播出去。

实际上,虽然认可内容的重要性和传播方式的重要性都是有道理的,但是它们二者的关系是比较尴尬的,是不能同时存在的。内容和传播方式都对新闻的传播和影响力产生了一定的影响:一方面,报业转型数字化产品的含金量比较高,会让用户感受到内容的科学、生动,会更容易让人记住,加之如果内容比较有特色、深奥、耐人寻味,那么肯定会成为新闻头条引起用户们的关注,将会在竞争过程中占有绝对的优势;另一方面,如果报业数字化产品有优秀的平台支撑,那么可以利用其来提高曝光度和活跃度,从而让商品占有一定的优势,提高收益,更好地把风险降到最低。传播方式的不断发展可以提升内容的影响力。

那么,如何不断完善传播方式和渠道并利用媒介来推动报业数字化的转型,从而推动整个行业的发展呢? a.使各个平台相通,真正达到跨平台传播。一个平台可以适用于各个系统,多个平台拥有多种产品,从而实现跨平台传播。第一,从传播平台存在差异的角度来看,因为现在顾客可以通过多种方式获取自己所需的信息,由传统报业所转型的数字化产品理应满足各种操作系统的适应条件,并且可以适应 iPad 等平板电脑客户,领先对多种系统的适应程度的改进；第二，从新兴媒体平台的角度来看，如果传统报业所转型的数字化产品局限在电脑屏幕、手机屏等范围内，将会限制自身的发展。因此，可与目前数字化高端产品如智能电视、户外交互屏幕等其他区域相融合，深入开发产品。b.开放平台，吸引更多的外部资源加入。国外的部分媒体机构与平台，同意其他机构通过媒体使用，进行新的产品与服务的开发。这样不但可以改进媒体的服务模式，增加服务对象，而且可以增多并吸引外部资源，拓宽自身的利益渠道来源。c.对终端进行整合，对产品立体式分开出售。报业在转型为生产数字化产品的时候，一定不要限制思想，要争取自身的开放，也要使销售产品的网络相互结合，使数字产品具备跨平台的能力。

（3）数字化产品的升级

转型的整个过程呈现出阶段性的特征。然而，走到现今这一阶段时却遭遇了停滞的困局，不仅没有满足多元传播的要求，而且也难以突破过去遗留下来的框架束缚、传播不灵活、产品的市场影响力弱等问题。这些现状说明传播和建设数字产品刻不容缓。

①完善数字化阅读客户端

手机的智能化以及平板电脑的日益普及，使得这些工具成为上网的不二选择。由于智能手机有方便携带、速度快等优势，因此，从一定程度上促进了用户的使用。现阶段，这一转型从形式上看大致上包含了独立网站搭建、网络媒体内容提供和应用软件开发等；而从内容上看，新增了很多功能，如新闻资讯、生活服务、社交媒体等，甚至提供了超过需求本身的内容。从某种程度上说，对新闻客户端的开发和设计可以看作对传统报业媒体的较量。近年来，国内相关领域也有很大的进步，有很多以安卓系统为基础的新闻客户端，其主要涉及两类生产商：一种是商业门户网站如搜狐等，它同腾讯、新浪、网易三家相继形成了自身独有的新闻客户端；另一种是传统报业，如《人民日报》就属于由其开发的新闻客户端类型，而《解放日报》等其他家也相继投入到这一开发过程当中。

首先，对于线上的报纸新闻客户端，应该立足于自身优势，吸引更多用户关注，内容上要注意深度和推广性。由于当前没有深度的新闻比较普遍，对于用户来说，很容易通过搜索引擎在网站上查阅到相关资料，因此，应该深化相关新闻评论与观点解析的部分，使其具有核心的竞争力。其次，在大数据时代当中，因为传统的报业移动客户端要满足用户的个性化需求，所以加强用户的数据管理是非常重要的。总体来说，对于用户的偏好要根据互联网的发展而设置，这就从需求上增强了传统媒体报业的特色。对于新闻信息阅读的个性化定制，不但可以提升客户的体验，还可以从侧面增强相关客户的黏性需求，甚至可以将总体的新闻客户端直接转换为纸质的新闻产品。从另一个角度来说，传统的报业媒体是需要不同用户对新闻内容加以关注的，因为掌握用户阅读新闻的规律，就可以根据他们不同的需求提供相关的服务对客户进行优化的资源配置。总体来说，对于用户精准化的数据统计，有利于精确的广告投放。最后，本书认为在相关纸质媒体的新闻客户端内，应当注意对相关用户的互动性提升。在相关报业媒体当中，应该充分考虑移动终端的特殊优势及特点；在相关产品设计和布局上，可以多考虑用户的阅读习惯，增加相关的服务，如离线阅读可以增加用户的阅读体验。

②积极搭建数字化的营销网络

数字化营销指的是，以计算机信息和网络技术作为基础性内容，通过电子手段和相关的通信技术，有效地带动相关企业资源和市场的营销活动，以此达到有关企业的产品和服务有效率的销售一体化进程。总体来说，数字化营销是能够实现精准化和量化的一个过程，也是能够谋求到新的市场、挖掘到新的消费者的一种高层次活动。很多学术界的专家认为，所谓的数字化营销网络的信息化构建就是指在相关报业的数字化转化的过程中，借助不同的数字化的经销手段。同时，利用多元化的销售途径，让用户彻底地了解相关的报业数字化的新闻产品，从而实现对传统报业数字化的转型。同时，为了强化其相关的传播效果，也可以利用相关的数字化营销理念，从而形成多方位的网络体系。

大数据时代的来临，使得相关新闻产品的竞争形成了有针对性的数据库化的营销模式。对于报纸营销者来说，应该根据相关顾客的状况和需求大力建设相关的数据库，并且不断地丰富数据内容，再对相关的目标客户进行分析，以细分化的受众市场为基础，制定出个性化的产品营销策略。同时，要提供相应的产品和服务化的组合，切实地形成"精准的营销"。

所以本书认为，对于不同用户，相关报业数字化产品应该选择不同的设计理念和个性化的营销步骤，形成数字化的营销网络。

首先，要树立相关的报业数字化的产品品牌个性理念，通过相关的产品与服务的组合，切实将报业数字化的品牌打响。品牌的建立是对传播的重要用户所考虑的项目之一，同时，拥有品牌也拥有了相关的竞争权，并且还可以以主体化的身份去进行社会赞助和相关的品牌化的服务等。所以，对于报纸数字化的转型来说，相关的新闻产品应该加大宣传的力度，借助相关的新闻事件，积极举办相关的活动并树立统一的品牌。

其次，应该积极主动地建立用户的数据库。对于传统报业的转型新闻产品营销来说，习惯于单向化的被动适应用户，所以单单选择了"推广"的过程，因此会无法真正捕捉到用户的需求。一方面，报业转型的新闻产品需要建立自己专属的数据库，如经济报刊的相关数字化产品，还要凭借自己在领域内所积累起来的相关信息和专家资源，彻底地实现数据库的营销策略。因此，对于专家和相关的专业数据库来说，这是可以为用户提供全方位的服务的。构建相关报业转型的新闻产品数据库是一种基础性的工作。另一方面，在当前大数据的时代背景下，报业转型的相关新闻产品需要进行用户的数据化搜集。并及时掌握相关数据为报业转型的数字化新闻产品发挥相关的导向性作用，获得更多用户的关注。

最后，打破平台限制能够形成多元化的渠道。就当今而言，越来越多的人用现代化的设备获取资料，如在公交车上的车载电视已经成了相关信息的重要来源。对于报业转型的相关新闻产品来说，不应局限于传统的电脑和手机等，还应该运用各种其他平台进行资料的宣传。

另外，根据本书研究发现，《安徽日报》的相关数字化营销网络建设已经形成并趋于成熟。大力开放数字化的阅报机，并且计划在两年时间内在全省的各个地区建立3000台。同时，将党报和相关的媒体信息以数字化的形式传送到各个企业、高校等，进行大力宣传，提升总体的报业集团媒体化形象和总体品牌价值。

③加强报、网、屏互动

在当今时代，网络媒体发展迅速，对传统报业产生了较大的冲击。一方面，传统报业能够抓住机遇，形成与网络媒体的合作态势，拓展相关的业务范围；另一方面，相关的自媒体通过自身的网络平台进行有效化的建设。

从当前来看，通信技术的发展和相关科技产品的迅速迭代，将会创造出越来越多的信息内容。总体来说，从终端来看，获取海量信息的人数也在不断增长，越来越多的人开始使用相关工具获取自己想要的信息，这将得益于移动终端的优势：用户能够随时随地根据自己的偏好来获取信息；突破时间与空间上的限制性，同时，拥有更多的主动与支配的权利，也能够更加便捷、灵活地获取信息。对于用户而言，其能灵活地在终端获取信息这一优势，也是单一的报纸、电视等传统媒体所无法达到的，所以手机和 iPad 成了当下年轻人更喜爱的工具。

当下的移动互联网更注重用户体验，不少报纸开始进行网络媒体的互动化，注重相关领域的开发与合作，形成了动态的发展趋势。"报、网、屏"的存在已经形成了以手机媒体为主要终端，与传统媒体进行结合的跨越。

总体来说，报纸与网络媒体的有机结合得益于以下几点。

第一，对于传统的报业来说，应当注重发挥内容资源的优势。就当下我国的新闻产品生产而言，其相关的采写工作主要来自传统的报业。网络媒体只有极少数拥有采访权，而绝大多数的网络媒体文字均转载于相关的实体报纸。因此，大量的专业人员为"报、网、屏"提供了强有力的支持，使得其内容更加的个性化、特色化。

第二，就当下的网络媒体来说，应该注重有关数据和相关互动性的主要优势。在网络媒体依托的巨大用户群内，可以直接关注相关的新闻产品。同时，从互联网"分享精神"来看，大都比较乐于发表自己的观点，这为新闻产品提供了很强的风向标。

第三，从相关"屏"的手机终端来说，需要给予技术上的创新和支持，增加相关的用户体验与需求、增强其功能性，以满足现当代用户的多元化需求。

因此，就当下来说，"报、网、屏"属于一种强强联合化的产品，也是保证传统报业立足不败之地的重要举措。

（四）新旧媒体间的融合

新媒体的一个重要发展趋势就是新旧媒体间的融合。新媒体出现之前，印刷媒体和电子媒体虽然竞争激烈，但由于物质形态和技术上的不同，故各有优势，也各自满足了受众对信息获取方式的不同需求。例如，报刊可以随时随地地阅读，受众的控制性强，电视则提供视听等感觉的刺激，所以电子媒体这种"新媒体"并没有取代印刷媒体，两者在竞争中各自占领了一定的市场，形成了稳定的市场格局。然而新媒体却具有传统媒体的常规优势，统一的数字信息格式使新媒体可以为个体或大众提供多媒体的信息服务；手机等移动信息终端使媒介突破了电子媒介对固定线路、设备的限制，拥有了报媒的移动性和方便性。新媒体还具有传统媒体所不具有的优势，如交互传播、自由、开放等。从技术上讲，新媒体更能满足受众对信息的多重需求，当然，现阶段由于受众习惯以及品牌等因素的作用，新媒体和传统媒体还会有一段长期共存的过程。

回顾传播史可以发现，没有一种媒介能够独立存在，每一种新媒介都是把一种旧媒介作为自己的内容，作为最古老的媒介——言语，其几乎存在于一切媒介中。文字是语言的视觉表达，而书籍、报刊是文字的批量生产；电报发送的是电子编码的文字；电话、唱机和收音机传递的是声音。上述一切东西正在成为互联网的内容，互联网是一切媒介的媒介。媒介融合释放出新的能量和力量，正如原子裂变和聚变要释放巨大的核能一样，取两种媒介杂交或融合的时刻是发现真理和给人启示的时刻。由此，我们可以进一步思考：如果将新近出现的几种新媒介技术按照上述思路融合在一起，就可以开发出另一种新型的具有更强功能的媒介技术。媒体的融合不是简单地消灭现有的各种媒体，而是在继承每一种媒体优势的基础上去创造能更符合信息传播规律、更有生命力的新媒体。新媒体在内容的提供上，由于人才积累的不足等因素，短时间内不可能超越传统媒体多年的积累，将来在这方面二者之间可能还存在一个合作和互补。目前，传统媒体在内容上已经开始和新媒体合作，许多传统媒体的经典节目也被搬上新媒体舞台，如各个电视台的网络春晚。

其实，无论是报纸、电视还是网络都只是传播的途径而已，但对于传播者来说，这些都是可以利用的资源，并没有天生的排斥关系。只要你愿意，新媒体和传统媒体就可以相互为友。我们已经看到，传统媒体的使用者已纷纷建立起自己的网站，开辟了自己的短信沟通平台，充分发挥新媒体途径反馈及时、交互性强和精确定位的优势；而网站的创办者们也开始和传统媒体的经营者建立起战略合作伙伴关系，共享传统媒体所积累的优质人力资源和广告资源。这种相互融合的态势已经模糊了彼此之间的界限，让人们分不清谁是绝对的传统媒体、谁是单纯的新媒体。因此，讨论的焦点应该是如何利用好不同的传播途径，而不是经营者之间是"敌"是"友"的问题。

新媒体的出现带来了媒体家族的兴旺发达，未来的媒体格局就是通过不同的传播途径到达受众。人类的历史可以说是一部创新史，只要有人存在，这种创新就不会停止，新媒体也就会不断涌现。因此，对新媒体的探讨必将回归到对人本身的探讨，更具体地说，就是对人的创新性的探讨。谁能更好地了解人的创新欲望，谁就能更好地预测和创新将要出现的新媒体。印刷术是手工艺的第一次机械化，也是准确重复的大批量生产的第一种形式。任何新媒介都是一个进化的过程，它为人类打开了通向感知和新型活动领域的大门。但是新媒体不会完全取代旧媒体，它只会使传统媒体承担新的角色。未来，新媒体将更多地与传统媒体在融合、整合和互动促进中共同发展。

（五）新媒体的融合与发展

1.新媒体融合与发展的表现

基于高速、智能、开放的宽带网络，大数据、云计算、物联网、移动互联网等新应用相继出现。伴随这些新应用的出现与发展，以微博、微信、社交网站为代表的一种新媒体作用下的新的传播方式—微传播，正在不断兴起。

（1）微传播

微传播是以微博、微信、移动客户端等新媒体为媒介的一种新的信息传播方式。其具备针对性强、受众明确、传播内容碎片化等特性，也是比传统大众传播更加精确的传播形式。微传播的兴起使公共信息提供方式得到创新，为丰富信息交流方式、社会交流模式提供了可能。

①微传播的现状

1）微时代："微传播国家队"显现，新媒体蓬勃发展

经过近几年的发展，政务微博作为官方声音的发声器，其队伍愈加庞大。中国政府网同时入驻腾讯微博和微信，开启了政府的"两微"模式。同时，作为微博空间的主流声音，媒体微博已经进入常态化运营。

2）微政务：社交媒体成为政治传播的有效平台

微博、微信和新闻客户端等新媒体具有及时性、开放性、移动性等特征，

这些特征也改变了人们的阅读习惯和信息获取方式。基于社交媒体的特性，政治传播出现了新气象。社交媒体的交互性和针对性等特征增强了政府账号的服务性属性，使政府更加贴近公众。

3）微经济：互联网金融及跨界渗透

互联网具备"开放、平等、共享"等特征，移动互联网的发展增加了便携性、随时性，使互联网金融更加蓬勃发展起来。相较于传统的金融业务，依托于互联网和移动互联网的金融业务更具有透明性、开放性、交互性特征，同时更加节省成本。基于互联网和移动互联网的微传播为商业者带来了巨大的利益。

基于社交媒体兴起的新的营销方式更为商家带来了可观利益。例如，利用微信平台上广泛开展的"关注即赠送""集赞获奖品"活动，一般用户只要通过微信扫描二维码并加关注就可以免获得相应的奖品，或者通过将商家信息分享到朋友圈获得一定的点赞数也可免费获得一定的奖励或者享受超低折扣。微传播使互联网与金融等行业逐渐融合，取得共赢。

②微传播的特征

1）微节奏：新媒体移动化趋势明显

从依赖于互联网到如今移动互联网的高速发展，新媒体的移动化趋势愈加明显。随着移动互联网技术发展，手机作为上网的第一大移动终端的地位日益稳固；随着用户的转移，目前，微传播热潮也从传统的 PC 端向手机端发展，移动化趋势明显。

2）微热度：微信、移动新闻客户端发展迅速

现在，微信和移动新闻客户端可谓发展迅速。依托于及时沟通、免费便利等特性，微信自上市便受到用户的青睐。其传播力更为强劲的微信公共号更是发展迅猛。尽管微信平台存在有大量的垃圾信息和营销信息，但其广泛传播力和影响力不容忽视。

3）微表达：掀起舆论风暴，传播影响力大

微传播具有微博、微信等传播载体的特性，因信息发布碎片化、移动性、门槛低，提高了普通用户的信息传播的参与度。通过信息的点赞、评论和转发，营造出了信息传播链，改变了传统信息传播模式，传播速度、广度呈几何扩散。微传播使普通用户具有表达权，影响力巨大。通过简单的操作，用

户便拥有话语权，由简单的受众变为传者，由围观变为评论参与，从而掀起舆论风暴。

③微传播的意义

1）微传播政治热兴，提升党的网络执政能力

微传播作为一种新型的传播方式，其在提升党的网络执政能力方面具有巨大功效。其中，较为突出地表现为微传播，成为中国共产党反腐倡廉制度化的一条必然路径。

政务微博、微信的广泛应用使政府政务的服务性得到提升，其影响力、传播力得到扩大。中国政府网及时开通官方微博和微信，一方面极大地方便了网民通过新媒体平台最快获取国务院重要政策信息；另一方面也加大了政府政策的普及率，拉近了政府和普通民众的距离，进一步提升了政府的公信力，有利于服务型政府的打造。

2）微平台滋生新文化，微传播成为新的文化载体

日益社交化的新媒体不断滋生一些新的文化，并迅速汇集成强能量。具体表现为以网络流行语文化盛行为代表的文化理念和文化行为的改变，伴随着一些社会热点事件产生并在网络广泛传播，形成了网络用语文化的热潮。网络用语的广泛使用描绘了当前社会转型期的现状，反映了普通网络用户的心理，形成了网络新文化浪潮。

微博、微信等微传播工具成为新的文化载体。例如，基于微支付兴起的"滴滴打车"改变了传统打车文化，预约越来越成为现代人的一种生活方式；"微信抢红包"活动将传统的"过年送红包"文化移植到新媒体平台上，打造出了微时代的"抢红包"文化。

3）新媒体产业成为重要经济增长点

随着信息技术创新不断加快，各类信息产品和信息服务大量涌现，网络消费已成为大众生活中不可或缺的重要组成部分。新媒体产业已成为众多企业关注和角逐的焦点，移动互联网更是迅速、方便、快捷地实现了实体、个人和设备之间的连接。借助微传播，新媒体产业已成为重要的经济增长点。

（2）新媒体产品

基于互联网和移动互联网的高速发展，新媒体产品正在大行其道。新媒体产品的扩张与转型需要对产品价值的挖掘为基础，新媒体产品如何产生

价值、如何发挥价值是媒体研发者需要思考的问题。通过对现有新媒体产品的经验做出规律性总结，有助于为新媒体产品的下一步研发提供借鉴。

新媒体产品的核心词汇为产品，这就注定了其与传统媒体具有较大的差异。作为从传者视角出发的媒体形式，传统媒体讲究"作品"，注重新闻稿件的传播效果；而新媒体则注重用户，讲究"产品"，注重用户体验与用户需求。

①互动与分享：不可或缺的社交因子

社交在一定程度上影响了人们消费新闻、阅读新闻的方式，改变了大多数人的新闻获取方式。社交不应仅仅是社交网络或社交媒体才有的特权，对于新媒体产品来说，也应该具有社交的特性与功能。

1）新媒体产品需要注入社交特性与功能

流量意味着用户数量，通过将用户引进新闻媒体，也可以将一些用户变为固定用户。

2）社交元素扩展产品的开放与包容

许多成功的新媒体会通过增加社交元素，实现产品的开放与包容，以互动和分享机制增加用户黏性。例如，澎湃新闻的"追问"功能便是其在社交性方面开创的先河。点击澎湃新闻 App 的新闻热门追问与回答，为其点赞，也可以自主进行问题回答、发表意见等。

新媒体产品研发植入社交元素是顺应互联网和移动互联网时代用户需求的体现。增添社交元素，需要建立起互动与分享机制，例如，在刊登新闻作品的同时，在每篇文章的结尾处增设文章分享按钮。用户可以通过授权的方式将自己的微博、微信或 QQ 账号等与新媒体产品相连，轻松推荐文章与好友分享。

②满足与引领：明确具体的用户需求

1）满足用户需求是产品研发的出发点和落脚点

不同于传统媒体进行信息传播，新媒体产品的核心理念不在于信息告知，而在于用户需求的满足。一个好的新媒体产品必定是能够满足用户需求的产品，而一个优秀的新媒体产品必定能够满足用户需求，同时，更能引领用户需求。当然，一味地满足用户需求而不考虑产品实际运行、操作成本、可行性也是不明智的行为。

2）满足用户需求就是解决用户难题

满足用户需求就是产品可以为用户解决某一方面或某些方面的难题。做产品需要时刻剖析用户需求，并不断满足需求，以获取和留住用户、实现产品价值。

要想获取用户需求需要对用户进行大数据分析，再根据用户行为、市场数据、消费习惯等进行数据库分析。新技术的发展使原先基于受众调查、收视率、发行量等途径了解受众的方式得到改变。新技术通过用户登录时间、在线时长、跳转记录、搜索内容等指标完成关于人群、兴趣、行为习惯的分析，构建用户画像，从而针对用户的使用习惯有效地进行媒体研发。

2. 新媒体融合与发展的策略

（1）融合环境下的中国报纸的转型

随着现代通信技术、计算机和互联网的普及，数字信息技术迅猛发展，互联网以不可抵挡的强势迅速覆盖市场，人类社会进入了以互联网为标志的新媒体时代。在新媒体的冲击下，全球报业正处在大变革的时代。以数字技术为基础的各种新媒体形态带来了传播渠道的多样化，报纸的进一步生存和发展也面临着创新的课题。未来的电子报刊可以将广播、收看、网页浏览融为一体，只要有一台多媒体的手机，就可以在任何时间、任何地点查看资讯并进行交流。

在新的传媒竞争环境和市场格局下，以数字技术、互联网、无线为代表的新媒体发展，会给传统媒体带来了巨大的挑战。面对全球化、信息化、数字化的大背景，许多传媒人都在思考：应如何面对新媒体的竞争与挑战、如何创新报业的发展策略。

①创新媒体融合平台

科技在不断进步，传播媒介在经历巨大的变革，从报纸、广播、电视、互联网直到手机无一例外。随着数字技术的广泛运用和网络传播的迅猛发展，原本泾渭分明的几种媒介之间正兴起一场新的融合，即"媒体融合"。这种融合包括媒介形态、媒介功能、传播手段、资本所有权、组织结构等要素的融合，它既指各种融合的结果，也涵盖各方融合的过程。报纸要突围必须有所创新，创新的关键之一就是顺应信息技术的发展来推进传统媒体与新媒体新的传播渠道的融合。媒体融合是在数字技术、网络技术的驱动下把图文、音频、视频信息数字化，在不同的媒体之间互换与互联，并在保持不同媒体个性传播的同时打破媒体产业的边界，实现多媒体一体化的传播。

1）抢占媒体融合先机

如何实现媒体融合、构建多元媒体格局是媒体融合的基础。传统媒体如果没有形成多元媒体的格局，媒体融合照样会发生，但可能自己是被融合者。因此，要争取主动参与融合、要成为融合者，重视多元媒体格局的建立。

由于信息海量传播带来的读者分化不可避免，为适应少量、多元的读者群体，强化消费者阅读、生活形态的细分。在融合平台下可以针对不同读者群，对原创内容进行深度加工，推行信息定制的新传播形态。将现有信息和目标人群相匹配，有针对性地和网络、移动通信、视频媒体、书籍出版相结合，制作不同类型的传播载体，再按照消费者需要的方式，提供消费者需要的信息内容，实现真正的个性互动传播。

2）数字化转型是融合的基础

在经济全球化、信息技术化的时代背景下，强大的数字技术无法抗拒，数字的力量成为推动时代进步的核心技术力量。数字技术正在改变着人类的行为方式、思维方式和生活方式。因此，作为传统报业，必须积极应对以数字技术为标志的新媒体对传统报业的冲击，探索从传统报业向数字报业发展的成功路径。

②创新报纸品牌推广模式

纵观全球报业近年来的发展趋势，一个突出的特点是利用新的传播技术、新的传播介质和新的传播终端，积极努力地扩大自身的品牌影响力，从而在新的媒体市场竞争格局中占据制高点。

微博是一个基于用户关系的信息分享、传播以及获取的平台，让用户可以通过各种客户端组件个人社区，以140字左右的文字更新信息，并实现即时分享。微博这种形态非常新颖，它的出现让人感觉到一个新的媒体生态变革正在发生。

面对微博等新产品的冲击，传统纸质媒体又该如何实现突围呢？微博这种全新的网络文化在改变网民生活方式的同时，也改变着传统纸质媒体的生存态势，一些传统报刊都迅速而果断地向微博抛出了"橄榄枝"。微博是时下最时髦的网民交流方式。

（2）新媒体环境下的报纸品牌推广

新媒体的普及逐渐改变着受众的信息接收方式，人们阅读传统报刊的时间在逐步减少，同时，报刊读者群体的特征和质量随之发生变化。以报刊等为代表的传统媒体的主导地位在不断地被削弱，新媒体时代已不可抗拒地到来。

①传媒环境发生重大变化

1）各种新媒体形态不断出现

现在，世界媒体的环境正发生急剧变化，新媒体环境呈现多元和复杂的局面。在新的传播平台上，新媒体与现有的媒体形态不断融合，可以既是报纸又是网络。报纸不再是唯一的平面，而是有了视频和音频新闻；电视不再是单纯的线性传播，广播也不会受到频率的限制，而是有了数字广播。新的媒体把视听等多种元素都综合起来。

新媒体技术的发展使现有的传播环境变得越来越复杂。新媒体传播新闻信息的广泛、迅速、便捷，超过了以往任何一种传播形态。数字化新兴媒体通过提供海量的信息、广阔的渠道和双向互动的传播模式，塑造了全新的受众群体，在构成上更加多元化。

2）新媒体时代，人人都是信息的发布者

现在，网络在我国的发展仍然持续稳步增长，其覆盖范围、信息影响面、受众人数都在不断地扩展和攀升。新媒体用户的崛起已成为一股不可小觑的力量。新媒体时代是一个互动传播的时代，在这样一个传播符号、传播媒介和传播科技相互整合的环境中，传播的方式呈现出多样化。人们从被动地阅读、收听和观看媒体传播的信息内容，变为主动地去寻求信息，并积极地参与到传播交流中去。网络的兴起为博客、论坛广泛流行提供了技术支持，网络媒体从门户网站由编辑发布信息时代进入了"个人化媒体"时代。网络改变了传播的生产方式，也改变了传播的消费方式。越来越多的"个人"成为互联网的主体，信息传播的不平衡局面被逐步打破。新媒体使所有人都可以成为传播主体，可以利用网络平台把自己的言论、自己的生活方式公之于众，同时也会影响很多人。

3）受众对品牌的认知更容易喜新厌旧

由于新媒体克服了传统媒体在一些方面的缺陷，因此，更能满足受众对信息多角度的诉求。新媒体的兴起使受众在某种程度上成为传播者，他们对于媒体的品牌认知更加容易接近受。

随着各种新媒体形态的不断出现，人们接触新媒体的方式越来越多。当今媒体经营的内部机制与外部环境正发生着巨大变化，在媒体信息量供给由绝对不足向相对过剩转移。媒体产品同质化现象日益严重的同时，媒介产品的消费者（受众）变得更加主动和多元。以网络媒体为代表的新媒体兴起更是加剧了竞争，它们在处理信息方面日益显示出的优势加剧了报业面临的压力。

②报纸品牌的推广策略

在新的媒介环境下，面对丰富多样的媒介手段，方便快捷的传播渠道，传统报纸的品牌影响力不断被蚕食，报纸的品牌号召力也日益衰减。如何在新媒体的环境下重塑报纸媒体的品牌、如何利用新的媒介手段推广传统报纸的品牌是当今众多的报刊必须面对的问题。

1）明确品牌定位和推广目标

品牌定位是品牌塑造和品牌推广的先决条件，要求企业寻找目标市场和目标消费者心目中的最佳位置，从而确立品牌、占领市场。只有确立了品牌定位，产品的品牌营销和品牌推广才可能有的放矢。

2）对报纸读者数据库的全面管理

报纸品牌是读者对报纸整体形象的认知，是报纸的名称、内容和风格等因素在读者心目中留下的整体印象，也是报纸本质特征的外在表现。报纸品牌要通过反复的差异性展现，使得读者获得对报纸的持续性认知，这也是报纸品牌形成的保障。

基于新媒体环境，通过数据库营销是一种留住读者、维护报纸品牌的重要策略和方法。它主要利用报纸在经营过程中形成的各种数据库，通过对其梳理来获取制定营销策略所需要的信息，并在此基础上制定相应的营销策略。读者资源是品牌的根系所在，数据库营销要重视读者档案的建立，报社将读者和他们所喜爱的报纸建档，再根据档案随时建立联系，并有针对性地开展一系列活动，以此来扩大报纸的发行。

3）利用各种新媒介手段推广报纸品牌

新媒体方便快捷，利用新媒体传播报纸的品牌已成为一种重要手段。

在新媒体时代，报纸要取得更大更好的生存和发展空间，不能仅仅在一种报纸上做文章，而是要在传媒领域不断延伸，实现传播形态的多元化。

（3）网络广播电视台的内容建设

①网台互动，资源整合

近年来，网络媒体作为我国第四媒体的重要地位得到认可，使主流媒体占领网络新闻传播市场份额、加强舆论引导力变得迫在眉睫，也使得对网络广播电视台的内容建设、整体运营提上了议事日程。

高品质内容是传统媒体的一个核心竞争力。传统媒体拥有专业化的新闻生产团队、长期塑造的品牌形象与公信力、广阔的信息来源等，这些雄厚的媒体资源都是新兴网络媒体短期内所难以具备的，发展网络广播电视台必须利用其背靠的优势深入强化网台互动。

a.网络广播电视台对其传统电视媒体的利用就在于将其优势节目资源组织、整合上网；b.除去最简易的将其搬上网络渠道，实现直播、点播，还要进行更深层次的加工，着眼于差异化，针对网络传播的特点调整节目的剪辑、播放策略；c.网络台与电视台的联动可以横向扩大范围，不仅局限于对自有电视台的节目资源利用上，而且还要通过合作，联合打造更强大的内容生产力。

②聚合与分享，启动网民生产力

互联网所引起的传播方式的演变就在于使单向传播走向了双向传播。它的一大特征便是"社会化"，传收双方具有很强的交互性，网民不仅是互联网的用户和受众，更成为内容的创造者和应用的主导者。可以看出，网络广播电视台相较于传统电视台的一个优势就在于网台与网民的内容互动。

1）鼓励网民参与内容生产

网络广播电视台可以作为一个交互的平台，在媒体机构向网民传递信息的同时，鼓励网民参与到媒体的内容生产中来，网民作为积极的参与者通过这个平台上传原创的视频内容，丰富网络广播电视台的内容构架。

网络广播电视台充分利用电台、电视台的影响力，开通用户上传视频节目的服务，既满足了自媒体时代个体表达的诉求，又为网络和传统电台、电视台输送了新闻及各类节目素材。当然，网民提供的内容不仅局限于原创视频，还包括诸如"弹幕""字幕"等各种形式的内容贡献。这些应用的开通不仅提升了网民的参与感和对网站的黏性，还增加了其观看视频的趣味性。

2）与其他社交媒体建立互动关系

网络广播电视台除了吸收网民的原创性生产，还可以通过与各类社区网站，如微博、微信、豆瓣等构建互动关系，可以使网民通过评论交流、分享的方式实现互动性生产和增值性生产。

③多屏合一，内容整合传播力

现在，移动互联网发展迅速，已经成为信息传播的主要渠道，拥有最为广泛的群众基础和较高的用户上网黏性。智能手机的发展、Wi-Fi 使用率的提升以及未来 5G 网的发展都促进了手机视频的增长，手机视频已经成为移动互联网第五大应用。移动互联网集电脑、手机、电视于一体，各种功能逐渐完善，实现了三屏合一。它已经成为网络广播电视台必须攻克的一个阵地，网络台要把内容拓展到移动智能终端，利用自身传统电视台的优势节目，顺延电视屏固有观众，并积极覆盖新的庞大用户群；同时，加强与社交媒体的视频推荐合作，为自己带来流量。

此外，网络广播电视台应注意将电视屏、电脑屏与其联通互动，实现电视内容、互联网内容、移动互联网内容的差异化、层次性。尤其在娱乐综艺性节目中或者是举办线上活动时，可以将三个渠道连通：网络用户的投票或者评论等互动实时搬上电视屏幕，电视台的活动让用户可由网络台通道、手机扫二维码等方式参与进来。

3. 新媒体融合互动的创新

（1）社会化媒体环境下报纸与微博的互动

微博的社会影响力在飞速发展。大众通过微博能够方便地获取信息、进行人际和群体交流、放松身心，并且借助手机互联网等移动媒体做到随时看、随处看、随心看想看的内容。

①互动是以微博为代表的新媒体的重要特征

1）快捷性强且传播广泛

微博具有网络空间的快捷性和广泛性的特点，使得青少年接触信息的速度和范围大为增强。微博是附加在互联网媒体上的应用平台，具备了互联网的快捷性和全球性的特点。青少年群体思想活跃，善于接受新鲜事物。他们在家庭中有条件、在圈子里有氛围，使得他们习惯于利用新媒体，而且接触新媒体的机会和时间相比自己的前代人更有明显优势，特别是在经济发达地区，家庭中普遍拥有电脑，年轻人拥有手机也司空见惯。很多年轻人通过即时通信工具和社会化网络进行联系，并培养了一定的媒介接触习惯，可以通过定制的微博即时、不受地点范围的限制了解更多的信息。

2）公开性和可转发性强

微博具有公开性和可转发性的特点。它是一个有着固定受众而粉丝又拓展无限的新媒体，既可以任意围观自己喜欢的用户，又可以相互进行互动。这一切都是公开化进行的，同时，微博使用者之间可以进行自由的转发，这无形间放大了使用者的影响力。一个人的粉丝数就像传统媒体的发行量和收视率，很多明星微博的粉丝达到千万级别，普通人的粉丝数达到上百万也不是难事，加之不受限制地间接转发。

3）互动性极强

微博具有网络时代的典型特点——互动性，即从单一的接受媒介信息到对信息的发布和评论，促进了青少年参与的主动性。用户使用微博已经不限于接受和收听，而是主动发出自己的声音，使自己的心情得到释放、使自己的观点得以表达、使自己能够和亲朋保持高频互动、使自己的精彩一面得到展示。

4）参与简易，收发方便，易于原创

微博具有参与简易、收发方便、易于原创的特点，能充分使用户的碎片时间被频繁使用。它注册方便、上手容易、使用轻松、内容简短和平易，同时还可以在电脑、手机等多种媒介中登录和使用，使用过程中可以快速阅读加关注的用户，发出的小于140个字的图文并茂的短消息，可以简短回复，甚至只是一个"@"就可以完成对这条微博的积极参与。同时，微博的信息量较少，没有规范性格式，可以使大家把自己平时闲散的碎片时间利用起来。

②社会化媒体环境下报纸与微博的互动

社会化媒体以互动性强、免费享用、平等参与等优势给予用户极大的参与空间。用户通过参与感兴趣的话题，通过评论、反馈和分享信息，形成信息的互动、交流。社会化媒体的发展无疑对传统媒体的传播方式和格局带来了一定的冲击。当这些年来许多声音质疑报纸在社会化媒体环境下的生存能力时，我们却发现我国报纸并没有消失；相反，很多报纸正努力摆脱新媒体发展带来的危机，与新媒体不断融合互动，谋求新的发展空间。

传统报纸和社会化媒体的互动和融合体现并贯穿于新闻信息生产和传播的各个环节，其中包括新闻生产、内容传播和用户反馈等。观察、了解、研究传统报业与社会化媒体的互动，可以帮助我们不断吸收新媒体的优势经验，为传统报业的发展提供正能量。

（2）微博在报纸融合发展中的作用

①为报纸的用户参与提供新平台

从目前的形势来看，以报纸名称开的微博较多，即一家报纸以本报名称为昵称开微博，也有以报纸总编姓名开的微博。此外，有的报纸组建起了自己的微博圈，记者编辑全在同一网站开微博，把工作圈、同事圈转移到了微博上，并有自己的博客圈页面。

1）微博为用户提供广泛的参与平台

微博作为新媒体应用，其发布便捷、海量信息、高效互动的特性越来越受到人们的重视。如何利用微博这种交互性较强的传播形式为报纸的读者、用户提供一个广泛参与的新平台呢？过去，报纸的调查性报道的生产机制通常是从公共利益的角度出发，依照媒介定位、组织文化和编辑方针选择题材，由记者耗费较长时间进行独立调查，最后在报纸刊发。一般情况下，若非连续的跟踪报道，记者发挥着主导作用，生产过程是单次性的、相对封闭的，也基本没有读者的参与。现在，可以充分利用微博交互性强的特点使读者、用户广泛参与其中。用户参与是大众传媒和微众传媒的交集，包括发现和提供线索、策划和参与活动、独立或合作报道新闻、发表评论、发起和参与传播等。

微博的主要功能是通过表达自己和关注他人，将这两种需求完美地结合在一起。微博这一交流工具既可以支持群体对话和群体行动，也可以变成公民新闻的聚集地，形成跨越地域和阶层的全国性的公共领域。

2）微博提高了用户的参与度

微博在信息传播速度、广度和便捷性等方面的优势以及迅速增长的用户数量，迅速成为网络舆论中最具影响力的一种，改变了传统网络舆论格局的力量对比，使得报纸的读者或用户（即微博客）都能积极参与，成为重要的信息发布渠道。

②为报纸的新闻报道开辟新方式

报纸微博一个突出的特点是不断地将报纸上最有价值的内容通过微博向公众进行推介，包括对正在采访中的新闻进行滚动播放。对于具有媒体融合理念和技术的记者来说，新闻报道已经突破了单纯做平面媒体的操作模式。很多报刊和门户网站的频道栏目越来越重视通过微博"推送"即时新闻，对资讯的获取也更加动态化和及时。在这种情况下，无论是报纸还是电视台记者都不可能像以往那样带上摄影、摄像记者，四平八稳地做报道，而是必须通过不断提供及时的资讯强化受众黏性。

③为报纸的品牌传播提供新舞台

报纸微博通常是以报社、报纸网站的名称或者某一版面、栏目以及编辑部门的名称统一命名的。以这种形式出现的报纸微博显然能更多地受到媒体制度的规范和媒体组织的把关，所表述的内容主要与本职工作或本单位相关，或者是与报纸上正在关注的各方面话题有联系。相对于记者个人的微博，这类微博更多地表现出集体创作、代表媒体形象的特点。

1）微博可创造品牌价值共同体

在传播报业品牌时，过去更多地以报纸自身为主，单向传播，对品牌的认知比较被动。但在新媒体环境下，应该创造条件让受众参与进来，这样才可以形成一个利益共同点。还要不断拉近与受众的心灵空间的沟通，才能创造一个真正的价值共同体。通过微博这种互动平台，通过人与人之间互相理解沟通，才能建立一种信任的品牌认同。

2）微博可提供品牌高附加值

报纸微博关注的是整张报纸，记者编辑的个人微博关注的则是具体稿件、具体版面。在记者编辑的微博里，"粉丝"们可以看到各个媒体人的幕后工作，也可以看到媒体后台的工作场景。记者编辑和"粉丝"们在微博的交流，拉低了报纸作为大众传播媒体高高在上的姿态，实现了人际传播的亲和力、自然感，使报纸和报纸工作的神秘感、陌生感由此得到消解。

4.新媒体融合与发展的未来

（1）面向媒体融合的新闻传播教育变革

媒体融合为新闻传播业带来一定的发展机遇，使新闻传播业面临巨大挑战。构建适应媒体融合环境下的新闻传播教育同样面临着人才培养理念、课程设置、教学方法等方面的创新。

今天面对世界及中国新闻传播业所处环境正在发生的剧变，基于传统新闻传播业的分工结构和运行方式而构建的新闻教育体系、人才培养模式同今天的新闻业一样，正面临重大变革。因此，探讨媒体融合环境下新闻传播教育的创新，更具时代感。

①媒体融合环境下新闻传播教育面临改革和创新

1）新旧媒体不断融合

在新的媒介环境下，传统媒体的生存面临新的挑战。广播、电视、报刊等传统媒体将面临与新媒体互相融合的局面。在技术层面上，报纸与网络的互动融合产生了电子报纸、电视与网络的融合产生了 IPTV、广播与网络的融合产生播客等。技术的进步为新闻事业的发展提供了先进的传播工具和传播手段。与报刊、广播、电视这些传统的大众传媒相比，通过互联网传播的新一代媒介实现了载体性能的根本改变，为新闻传播变革提供了更广阔的空间。新媒介的融合扩充了信息容量，也改变了新闻传播方式。

随着技术的不断发展，网络媒体的融合功能不断增强，接收与发布新闻的手段和方法越来越多样化。新闻信息传播采用多媒体方式，并最终在新的终端介质上实现听、读、看、写、说、录等多种手段和载体的组合。互联网和移动通信改变了人民的生活，也改变了传媒生态，使得新旧媒体的格局发生变化。

新的媒介环境要求有新的人才培养机制的产生。蓬勃兴起的新媒体具有全能传播特点，它集文字、声音、图像于一体，覆盖了传统媒体拥有的所有传播载体。这表明以往的传统传媒人才的培养模式比较难适应新的环境的需要，要求新闻传播教育在学科架构、课程体系、教学平台等方面进行改革和创新，以适应正在变革的传媒的需要，培养出高端的、适合媒体融合发展需要的新闻传播专业人才。

2）社会对媒体人才的需求发生变化

社会变革对新闻教育的挑战主要反映在社会对新闻人才的需求和选择上。如何培养适应社会转型时期、媒介变革时期所需要的新闻传播人才对新闻教育无疑是一个新的重大挑战。在媒体融合环境下，新闻媒介的组织结构与工作流程都发生了变化。媒体融合对职业新闻传播的工作者提出了"多面手""全能型"等更高的要求，使新闻教育面临新的挑战。

②媒体融合需要创新的新闻传播教育

面对信息传播技术的迅猛发展和媒介市场化进程快速推进的新闻业变革，基于传统新闻业结构模式和运营方式所形成的新闻教育课程体系也面临着调整。

1）课程设置要向融合的方向发展

为了适应媒体融合带来的变化，许多问题需要进行深入的研究，如培养目标、培养模式、教育内容及课程体系等，这里主要探讨的是新闻人才培养所面临的专业课程体系设置问题。新闻学课程改革的总体方向是打破传统的专业之间的壁垒，使学生具有丰富的知识积累和跨媒体思维，掌握专业媒体工作的各种技能，以适应不断变化的媒介环境。

要从媒体融合时代的"大传播媒介"角度来重新审视新闻学课程的设置，完善学生面对媒体融合环境所需要的知识结构和专业技能，适应当今和未来的现代传播媒介市场需要，这其中很重要的一个方面就是要建设创新性、可扩展的专业课程模块设置。在媒体融合环境中，教学体系的建设包括了日常教学平台建设在内的多种专业功能、多种使用目标的融合性教学平台的构建。这种多功能、跨媒体、可融合的教学体系是新闻教育依托的基础，各门课程之间应该相互配合、相互衔接、相得益彰。

2）创建多方向的新闻学课程模块体系

长期以来，我国新闻学专业设置的整体框架是以传统媒体的人才需要为基础的，如传统的新闻学专业主要为报刊、广播、电视、通信社培养记者编辑等人才。因此，建立一套适应媒体融合发展的新的课程体系就成为新闻院校的重要课题。面对新媒体与传统媒体融合发展的客观变化，整合教育资源重新规划设计新的课程模块，从而培养出一批适应新媒体以及实现数字转型的传统媒体需要的新型新闻人才。中国青年政治学院新闻与传播系把新闻学专业的必修课程与选修课程相组合，组成了新闻业务方向、国际新闻方向、媒介经营管理方向的三个课程模块。

3）建设多功能、跨媒体的系列传媒工作室

在媒体融合的环境下，课程体系的建设已经不仅是传统概念中的课程学分积累、实验、实践的建设，而是包括日常教学平台建造在内的多种专业功能、多种使用目标的融合性教学体系的构建。

（2）媒体融合下传统媒体人的媒介素养

媒介素养的核心内涵是带着批判的精神对信息进行选择与解读，从而更好地使用媒介信息。现在，新传播技术带人们进入一个海量信息时代，人人手中掌握麦克风，因此，这一内涵与新媒介时代媒体人需要具备的能力相吻合。作为新闻生产主体，互联网促使媒体人的工作模式与工作理念发生变化。时下，媒体所需要的人才是懂传统报业与数字媒体、懂内容生产与营销、具备业务能力与管理能力的融合型新闻从业者。

①新媒体信息的获取

新媒体环境下的信息获取能力无疑是一名媒体人一项基本的媒介素养。信息的获取是新闻生产的基础。

1）以积极的态度面对海量信息

媒体融合不是按照传统媒体的工作思路在新媒体上进行工作，网络媒体、新媒体也不仅仅是工具。媒体融合需要按照"数字优先"的理念，也需要媒体人贯彻"数字优先"思想到实际工作中。在媒体融合时代，媒体人应以积极的态度面对随着新媒体发展带来的海量信息。

新媒体的海量性是新媒介时代信息的一个基本特点。新的传播技术使新闻生产的传统模式发生改变，每名普通的受众都可能成为一名记者，通过新的传播技术发布信息。同时，新媒体具有的分享性、超文本性使信息更加广为传播，造成了海量信息出现，甚至信息过剩。面对这种变化，媒体人首先要做到的便是及时转变理念与认知，从态度上积极面对。

2）以新闻的眼光筛选新媒体信息

海量信息为媒体带来丰富的信息资源，在众多的信息中筛选与挖掘信息的能力是衡量新媒介时代媒体人媒介素养高低的一项重要指标。一方面，信息资源为媒体人的工作带来选题与报道便利；另一方面，信息的复杂性也考验着媒体人的专业素养。面对信息，媒体人应沉着冷静、把握职业操守，以新闻价值判断从浩瀚的信息中选取有新闻价值的信息进行报道。

②新媒体信息的运用

1）寻找新闻选题

新媒体为媒体人带来了更丰富、更新鲜的新闻选题。因此，以往通过通信员、热线爆料的形式不能满足新环境下媒体人的需要。通过网络寻找新闻选题已经成为媒体人媒介素养的一个重要组成部分。

2）碎片归纳整合

新媒体信息传播普遍具有碎片化和浅阅读的特点。以新浪微博为例，一般微博以 140 个汉字数为最大限额，用户需要在规定的限额内进行文字信息编辑。因此，微博的信息具有碎片化的特性，信息较少且分布较为零散，像一个个碎片发布在网络上，很难具有系统性与完整性。

3）尊重隐私

传播技术的发展使公民的知情权得到进一步的提升，然而随着"人肉搜索"等功能出现，公民的隐私权就会受到威胁。虽然媒体人在新技术的帮助下可以获得新闻相关主体更加全面的信息，但是在选择报道内容时，媒体人需要对新闻相关主体的隐私进行保护。

③运用新媒体能力

1）塑造媒体及媒体人形象

除了运用新媒体进行新闻业务工作，新媒体本身对于塑造媒体主体的形象具有巨大的作用。以《人民日报》开设新浪官方微博为例，其通过开设《你好，明天》等栏目，通过"最美的是你的名字·为你写诗"等流行语言，以亲切的问候拉近了与读者的距离。这样，一方面改变了党报的死板的形象；另一方面也维护了自身的权威。

2）受众沟通与反馈

媒体融合的本质是围绕"用户"这一主体产生的用户参与和用户地位的转变。利用新媒体平台与受众进行直接互动是新媒体的一大特性与优势，传统组织化的新闻生产模式正在被社会化的新闻生产所取代。在新传播模式中，普通用户变被动为主动，拥有了表达权，故具备参与信息生产的可能性。

3）多形式丰富报道

新传播技术赋予媒体人更加丰富的报道形式，单一的文字时代已经过去，已经从对于图片新闻的推崇转向视频、微视频、超链接等多媒体形式的新闻报道，其可以从文字、声音、画面全方位展示新闻信息，使受众获得更为清晰精准的新闻体验。

随着新媒体时代的到来，传统媒体人开始向新媒体进军。颠覆性的技术发展使传统媒体人工作模式得到了前所未有的更新和变革。这对于每一位媒体人都提出了新的要求，其中，媒体融合环境下的媒介素养更是媒体人转型的核心。媒体人立足于新媒介时代需具备对于新媒体信息的获取、解读、运用能力，同时还需要具备运用新媒体的能力。

二、新媒体的变革

（一）使未来变得量化和可计算

随着科技水平的不断提高，人们会对自己所处的环境有着更深入的了解，逐渐学会应对各种变化和危机。如今，人们身处各式各样的社会化媒体的包围中，加上物联网的持续发展，使用户之间、用户与各种设备之间都能够进行方便的互动，大大缩短了事物之间的距离。

另外，大数据分析技术和云计算的应用使人们能够从容置身于信息充斥的大环境中。在领先技术的强大辅助下，人们可以逐渐对未来社会做出预测，所有东西都可以进行量化和计算。随着信息技术的高速发展，相信我们的生活会变得更加方便、快捷。

当用户面对某个问题无法下定决心时，智能决策系统会在分析各种措施后帮助其找出利益最大化的一种。用户的身体健康状况会处在健康监测体系的实时控制之下，同时也会将信息发送给医疗人员，人们可以掌握自己的身体健康状况并在发生问题时及时察觉和就诊。

对政府机构而言，运用领先的数据分析技术能够更好地掌握大众的信息反馈。从而对当前的经济走势和社会状况作出科学的判断，在应对自然灾害、疾病蔓延时可以进行准确的量化分析，能够进一步完善政府的服务水平。

对商家来说，运用大数据分析技术，可以进一步掌握用户需求，据此规划商品的生产并进行形式多样化的营销。

（二）将虚拟与现实进行融合

随着移动互联网的发展，形式多样的移动终端（iPad、智能手机等）满足了用户的交互性要求，使人们的感知能力突破了自身限制。可以预测的是，在多种多样的智能可穿戴设备推出后，人们的感知能力将得到进一步提高。可以说，新媒体的应用在帮助人们进一步认识社会的同时，也使很多不可能变为可能。最典型的例子是，人们运用虚拟现实技术构建了如同现实生活的虚拟空间，身处在虚拟空间里的用户如同身临其境一般。这种虚拟空间并不是脱离现实世界的，它是与我们当前的现实生活有着多方面的联系。从某种角度来说，它既是对现实空间的模仿，又是对现实空间的升华。

在虚拟空间中，用户如同身处一个真实的空间里，同时能够无限延伸自身的能力而不受外界的限制，也能够做到在现实生活中做不到的事。如今，虚拟空间技术的应用范围不断拓展，人们现实生活中的经济活动、处事习惯甚至现实生活中的情感和情绪反应都有可能移植到虚拟世界中，未来虚拟空间也会更加接近人们的现实生活。

（三）推动社会结构的变革

新媒体会作用于当前人们所采用而且已经习惯的社会结构。互联网技术的发展及物联网的应用从多方面改变着人们的社会生活。

在这种情况下，之前的社会组织形式逐渐瓦解，人们之间的互动不再局限于地域限制，而是将共同的价值观、共同利益等作为构建集群的衡量标准。这种社群与传统社群组织形式存在很大差别，原本森严的等级性被削弱，个体的地位得到提高，是一种趣缘类组织形态。

虽然与传统社会结构存在很大的差异，但越来越多的人对新组织形式的独有特性表示认可，其开放性与平等性也影响着人们的日常习惯。网络用户逐渐习惯于通过线上平台来表达自己的观点，参与集体互动。

所以，在移动互联网时代，相较于传统社会中人们对资源和资本的重视，如今的人们可能将更多的注意力放在知识竞争和信息竞争上。

（四）催生新的商业模式

一场前所未有的科技革命在新媒体发展的推动下席卷而来，使多数企业的商业模式发生了变化，用户需求呈现出鲜明的个性化特点。除此之外，人们提出了更高的要求，即对期望购买的商品能够满足其情感诉求，而不仅是具备基本的实用功能。

所以，商业经营模式会随之发生变化，商家为了在激烈的市场竞争中不被淘汰，就要更加注重消费者的个性化需求。随着3D打印技术的广泛应用，制造商将根据特定用户的需求进行商品生产，即私人定制；另外，网络支付渠道的打通会让更多商家转而采用O2O模式，零售业也会颠覆传统经营模式。

除此之外，与传统形式拉开距离的还有企业形态，经营过程中的独特性、创造性思维的应用和专业技能会对企业走势产生更大的影响。在明确消费者需求的前提下，应用大数据分析技术和云计算不断完善企业的组织形式，同时提高运作效率。企业组织形式会向专业化及柔性化方向发展。

（五）改变知识与智能的传播方式

新媒体的应用改变了传统的信息传播方式，课堂教授的传统学习方式正在被娱乐学习、在线教育、移动微型学习等新型教育方式取代。

教师现场教授、学生聆听的课堂教育模式是传统教学模式的主流。此外，将知识内容包含在游戏里，或者以图片、视频等多媒体形式呈现出的信息具有更好的效果，让用户可以充分利用生活中的零散时间，边学习边实践，使传播方式的选择性更多。另外，对人工智能技术的普遍应用也可以将全球范围内的智力资源集中于线上平台，实现智力资源的整合化利用。

此外，还可以使这种人工智能以独立形式存在，并在此后的发展过程中进行累加与传播。在不久的将来，可以在世界范围内进行信息与智力资源的传播与整合，届时社会形态将发生巨大变化。

（六）促进人类个体和群体的变化

新媒体不仅能够传播信息，还更符合人们的情感需求，其是以用户需求为基础不断进行完善的。在发展过程中对人体功能（视觉、听觉或行为习惯）进行了模仿、移植和进一步的延伸，甚至不排除新媒体发展成为最终与人体功能融为一体的可能。

另外，随着新媒体的不断演变，人类的行为习惯和生理功能可能颠覆传统，最终会从多方面改变人们的进化历史。

网络搜索功能的不断完善为人们获知信息提供了方便，智能决策系统可以使人们在面对难题时不再难以决断；不断涌现出的网络语言、网络表情及其普遍应用，会逐渐取代人们的肢体表达功能，人们对礼仪及社交的重视程度会逐渐下降；键盘输入及语音识别技术的应用会使人们逐渐不再强调手写的重要性；

网络社交、线上平台的应用方便了人们的日常生活，对网络平台的依赖会逐渐对人们的行为能力产生影响。

第四节　大数据背景下新媒体的未来趋势

互联网的高速发展不仅为人们的生活带来了深刻的变化，同时也为借助互联网崛起的网络传媒带来了变化。互联网的出现和崛起催生了网络传媒，并从根本上改变了人们的信息获取方式。网络传媒从诞生至今已经历了三个发展阶段：门户网站和博客；视频和客户端；以微博、微信等为代表的社交媒体。

在传媒模式正在经历变革的同时，借助移动互联网的发展东风崛起的新媒体开始频繁出现于人们的视线中，如36氪、虎嗅网、雷锋网……各种新锐媒体的出现开始颠覆人们对媒体行业的认知。

尽管新媒体以一种强势的力量冲击了传统媒体的地位，但不可否认的是，传统媒体在媒体行业中依然占有重要的地位，很多门户网站的新闻内容基本都源自报纸、电视、广播等传统媒体，在微博、微信等社交媒体平台上发布的内容也离不开传统媒体对内容的深入挖掘。

在移动互联网时代，虽然新媒体与传统媒体是一种相互依存的关系，但是基于移动互联网的新媒体不仅从根本上改变了新闻的报道以及传播形式，同时也为人们提供了一种更加便捷的信息获取方式。其中，以微信为代表的移动社交平台，作为一种主流的传播方式在信息传播中扮演着日益重要的角色。

一、新媒体抢占用户碎片化时间，移动社交化成新媒体趋势

移动互联网的发展为移动新媒体提供了一个有利的成长环境，但是同时也带来了巨大的挑战。

在PC时代，用户一般都会有比较固定的信息浏览时间。而随着移动互联网的发展以及智能手机的不断普及，用户的上网时间越来越多地被手机占据，用户可以不用再专门抽出固定的时间来浏览资讯，故浏览资讯的时间呈现出日益碎片化的趋势。

用户在等车、就餐、起床前、睡觉前、上洗手间等一些碎片化的时间里就可以通过各种社交平台来了解新闻资讯以及朋友的动态。因此，移动新

媒体的出现，将就用户的碎片化时间展开激烈的争夺。

各类移动阅读应用的层出不穷，也让越来越多的用户开始将更多的注意力放在了移动端上。移动新媒体的出现满足了用户随时随地获取信息的需求，同时也帮助用户有效利用了碎片化时间。对移动社交媒体来说，媒体的微信公众号已经成为广大用户获取信息以及互动的主要渠道。

移动社交媒体的崛起，让用户的社交、沟通、阅读以及分享等行为都逐渐走向移动化。人们可以随时随地地沟通、阅读、分享，甚至开展社交活动，各种热点资讯、新知识或者知识的分享也开始越来越多地呈现在移动社交平台上。

在众多的移动社交平台中，微博、微信凭借强大的用户基础以及信息传播速度快、碎片化等特点和优势，受到广大用户的欢迎，各种信息通过评论、点赞以及转发分享等方式得到迅速传播。由此不仅增强了用户参与信息传播的积极性，而且也使信息传播的速度和广度以成倍的速度扩张。

而且随着移动新媒体的出现，用户注意力的切换速度也在不断加快。有数据显示，用户每小时能切换 36 次应用，这也就意味着用户几乎每 2 分钟就会切换一次应用。因此，如果传统网络媒体仍将信息传播的重点集中在 PC 端的话，就满足不了用户利用碎片化时间浏览信息的需求。注意力的分散也使许多用户变成了浅层阅读者，对于大量的新闻资讯往往是一带而过。通过移动社交平台，用户可以利用自己的零碎时间满足基本的信息获取需求。

对于部分用户来说，迅速浏览新闻资讯并不意味着要放弃深度内容的阅读，每天能够多次打开新闻客户端的用户更倾向进行深度阅读。通过深入的分析挖掘新闻背后更深刻的内涵，因此，对于新闻客户端来说创作有深度的内容也是很有必要的。用户对浅层阅读与深层阅读的多元化需求意味着移动新媒体、在进行内容编排时要注意轻资讯以及深度资讯的合理组合。

移动新媒体集社交关系、内容以及服务于一体，为人们创造了一种新型的传媒方式。而新媒体的移动社交化方向使得新闻资讯的获取朝着社交深化的方向不断发展，新闻信息的入口也将迅速转移到社交平台上。

二、新媒体趋势：资讯视频化时代到来

过去依靠简单的文字或者图片展示就可以获取各类信息，而随着互联网以及移动互联网的发展，各种庞杂的信息已经不能单纯靠文字以及图片展示这种方式来进行输出。而此时，视频信息展示形式应运而生。

相对于文字或语音，在信息表达方面视频拥有其独特的优势，不仅可以更直观、形象地展示信息，同时也可以加深人们对信息的认知和记忆。而且利用视频这种展现形式可以更深刻地影响用户，这也就促进了移动视频的飞速发展。

移动互联网覆盖率的不断提升，以及各种移动智能端的层出不穷，使得智能手机成为大多数网民上网的重要工具。用户通过智能手机利用碎片化时间可以实现跨屏连续观看视频，因此，在移动视频应用上停留的时间将会大幅提升。

移动视频的兴起推动了移动视频付费时代的到来。对于一些聚合类的移动视频应用，用户只要付很少的会员费就可以观看热门电影。而这种会员收费制度未来将会得到更多视频用户的认可和欢迎，会费制度也将成为未来移动视频的一大收入来源。

移动新媒体时代的到来，同时也带来了一种新的媒体传播模式。旧模式势必面临被淘汰的命运，而国内许多主流的新闻门户已经洞察到了这一趋势，并且开始踏上了推动资讯内容实现移动视频化的进程，以便更好地适应市场的变化、满足用户的需求。此外，从文字到视频的转变也顺应及满足了移动互联网的发展要求。

各种新媒体的出现和成长推动了移动新媒体时代需求的多元化发展。在丰富的移动社交需求的推动下，移动社交新媒体的传播模式将迅速发展起来，并将加速公共信息传播方式以及模式的变革。

移动社交媒体在获得发展机遇的同时也会面临一些可持续化的挑战。比如，国家政策以及社交平台的变化将直接影响到移动社交媒体的发展，而且移动社交媒体的轻量化以及内容设计也需要不断地进行优化。此外，由于移动互联网开放性的特征，移动社交媒体在发展过程中应该具有较高的自我规范以及约束性，从而保证移动社交媒体可以平稳健康地发展。

第二章 大数据与新媒体的内容生产

第一节 新媒体的内容运营

一、新媒体的内容、业务和产品

在我们研究新媒体的内容运营时，首先要对几个常见的概念做一个基本的区隔，也就是内容、业务和产品。

（一）新媒体的内容

"内容"是媒介运营的核心要素，也是指以媒介为传输载体的各类信息形态的总称。

从文化学的角度出发，"内容"这一概念的主要意义在于容纳之物有内涵，即能容万物。内容指的是一种能够把外在包容其内的状态；从传播学的角度出发，传者、信息、媒介、受者和反馈是传播的五个核心要素；从媒介产业的角度出发，内容是媒介产业链条中重要的环节，和传输环节、经营环节、终端环节等同样重要。内容资源是媒体联系受众、经营广告的基础要素；从数字新媒体运营的角度出发，内容是能够承载和传播信息的专业技术平台和软硬件上所承载的信息形态的总称。快速发展的数字技术造就了快速、通畅的传输网络，形成了强大的信息处理能力，对信息内容的处理更快、更便捷。具体来看，新媒体的内容包括文字、图片、音频、视频等。

（二）新媒体的业务

"业务"是指媒体基于现实的内容，是考虑内容与用户或者广告主需求之间的关系所规划出来的方便使用的各种外在的信息服务的表现形式。从字面意义来看，业务是指个人的工作职业或者机构的专业服务项目，其解释有两个核心点：第一是专业性，即能称之为业务的，一般都是某个领域的专业性工作；第二是事务性的具体项目，指这些专业性的工作所包含的有着特殊知识技能和要求的具体项目。

从媒体运营的角度来说，业务是附着在内容和需求之上的。在现实运作中，媒体的运营方往往是以业务形态的规划作为内容和商业模式的设计基础的，而用户也往往是通过媒体提供的业务产品来实际使用和消费媒体的。在传统媒体时代，"业务"的概念还不太强，然而伴随着新媒体技术的发展、用户需求的碎片化、海量内容的出现，媒体的运营需要更多的分类规划和分解传递，媒体内容和用户需求之间的联系需要不同业务形式来构建，业务的重要性才得以凸显。

（三）新媒体的产品

"产品"是指媒介根据市场的需求所生产的、能满足媒介消费者需求的产品和服务。在经济学的解释中，产品是指能够提供给市场、被人们使用和消费，并能满足人们某种需求的任何东西，包括有形的物品、无形的服务、组织、观念或它们的组合。媒体产品的释义其实正是在这个基础上的一种延伸和拓展。

新媒体的产品是基于内容和业务所提供的，能够让用户直接接触、使用和消费的，具有可交易性质的形态。媒体产品作为产品，首先是一种商品，具有使用价值，其价值是通过满足受众的需求来实现的，这也是媒体产品的自身要素；其次，媒体产品跟其他产品一样，要实现其价值就必须投放到市场，在市场的指挥下进行流通，这是媒体产品的外部要素。

在现实生活中，一部电影、一部电视剧、一个 App 都可以称为新媒体的产品，它们的共同点在于可以被用户直接接触并使用，而且可以进行消费。

（四）内容、业务、产品之间的关系

从信息传播的角度来看，内容是信息的首轮加工产品，也是媒体"传播"的对象，还是媒体产品、媒体业务的重要基础与核心。产品有更深一层的加工含义，并且通常被赋予"消费""交易"的含义。

在针对消费者或者受众、用户时，业务和产品的意义有时可以通用。但是从媒体运营的角度来看，业务的范畴更大，同一业务下可以包含多种产品，而"业务"的承载和表现往往都是产品。例如，××媒体机构在进入××业务领域后，推出了××产品。但是，严格意义上说，这三者的概念是不同的，故在研究新媒体时，通常需要对这三个概念进行差别化运用。

二、数据在新媒体内容运营中的作用

在传统媒体时代，媒体的内容生产过程相对较为简单，而新媒体给整个信息传播环境带来了极大的改变，也重构了内容运营的流程。在这个过程中，数据扮演着越来越重要的角色。

（一）新旧媒体的内容运营流程有着显著差异

在传统媒体的内容运营流程中，媒体机构负责对信息进行加工整理，形成内容产品之后，通过各自的信息传播渠道将内容产品分发给不同的受众。受众在接收信息之后通过一定的方式向内容产品的提供者进行反馈，媒体再根据受众反馈进行下一次内容生产的调整，这就完成了一次内容生产、分发、消费的过程。

事实上，传统媒体中的信息传播流程，即可对这种媒体内容生产和运营的过程做出解释。经过长期经营和管理实践的探索，目前，新媒体已经形成了较为完善的内容运营流程，以平台化的模式对内容的生产、传播进行了流程再造。首先，新媒体的内容运营需要经过内容获取、集成、分发三个重要环节。新媒体通过各种渠道广泛吸纳海量内容，新媒体机构对各种内容进行集成，使之成为符合市场需求的内容产品，并面向多种终端和用户进行传输分发。在各个环节中，新媒体内容运营均体现了多元化、多样性、开放式的特点，使之有别于传统媒体封闭式、单一化的管理模式。其次，新媒体的内容运营还有两个重要支撑：一是内容监管，即内容的可管可控，通过遴选和监控保证内容的安全可靠；二是媒体资产管理系统的建设。媒体资产管理系统在新媒体内容管理过程中的作用至关重要，新媒体的内容管理流程千头万绪，需有更科学的管理系统来保证资源的合理配置。同时，原始的内容资源通过媒体资产管理系统的套配之后，可以进行多次开发，深度发掘内容资产的价值。

此外，新媒体机构在内容运营的过程中有一个极为重要的特点，就是将内容视为产品。互联网产品其实并未创造出全新的生产机制，只是更加灵活地根据用户反馈进行产品调整。虽然这种不断获取反馈，再不断调整的方式并不一定都会采用最新的手段与方法，大数据和小数据、中数据的结合使用是常态，但是在这方面，传统媒体工业化的程度依然有所欠缺，究其原因主要是其产品意识不强。

（二）大数据在新媒体内容运营过程中发挥着巨大的作用

正如前文所述，新媒体的内容运营流程可以分为基本的内容获取、内容集成、内容分发和交易三个大的环节。无论具体的内容产品是什么，总结来看，媒体进行内容生产的最终目的是搭建起恰当的商业模式，从而实现盈利。目前，用户付费、商业广告、内容销售是最常见的三种模式。所以，对于内容运营这项工作来说，大数据的作用是要从这三个层面来提升新媒体机构的盈利能力。

在传统的媒体内容生产过程中，数据最重要的作用就是从用户与广告主的需求角度出发，为内容生产者提供必要的参考和借鉴。然而，在大数据技术的支持下，数据的作用和重要程度都发生了改变，也在颠覆原有的媒体内容生产的模式。在运营过程的各个环节中，大数据都可以参与其中，并且有效地提升新媒体机构内容运营的效率、优化运营效果。

第一，在内容获取方面，不管是自主内容生产还是外部引入，即通过购买、合作的方式获得内容，都需要利用数据对其进行评估，从而生产、获取更加符合市场需求的内容产品，甚至数据本身就可以成为优质的内容。

第二，在内容集成环节上，新媒体机构要实现的是内容的业务化和产品化，在这个过程中，就需要根据终端、渠道、受众的不同将原始内容加工整理成更加合适的内容产品。大数据的指导作用同样重要。在这个过程中，可以利用数据的支持对内容产品进行优化，通过编辑整理让内容产生更大的价值。

第三，在内容分发环节上，如何让不同的用户在不同的时间利用不同的终端接收最合适的内容产品，并且让新媒体机构在第一时间获取用户的评价与反馈，这是大数据需要解决的重要问题。实现精准的推荐和个性化的分发模式是现在新媒体机构在内容分发层面上的工作重点。

帮助新媒体预知用户、受众的需求，提前生产出符合他们需求的内容及产品，同时进行内容产品的优化，并且帮助媒体用更加合适的方法去传播和营销，这是大数据在新媒体内容运营中的重要使命。在接下来的章节中，我们将具体探讨大数据如何帮助新媒体机构优化其内容运营的工作。

第二节 大数据改变新媒体的内容生产

大数据对新媒体的内容生产产生了深远的影响，以下是其中的一些主要方式。

一、内容个性化

内容个性化是一个重要的趋势，特别是在新媒体领域。它是根据每个用户的个性化需求和兴趣，提供定制化的内容。大数据技术是实现内容个性化的关键工具。以下是大数据如何帮助实现内容个性化的几个主要方面。

（一）用户行为分析

通过收集和分析用户的浏览记录、点击行为、搜索历史等数据，新媒体可以了解用户的兴趣和偏好，从而提供符合用户需求的内容。

（二）用户画像

大数据技术可以帮助新媒体构建精细的用户画像，包括用户的年龄、性别、地理位置、职业、教育水平、消费习惯等信息。这些信息可以帮助新媒体更准确地理解用户，并提供更个性化的内容。

（三）实时推荐

大数据可以帮助新媒体实现实时的内容推荐。通过实时分析用户的行为和反馈，新媒体可以立即调整推荐内容，以满足用户的当前需求。

（四）预测分析

通过大数据分析，新媒体还可以预测用户可能的需求和行为，从而提前制作和推送相关内容。

（五）A/B 测试

大数据还可以帮助新媒体进行 A/B 测试，通过对比不同版本的内容对用户行为的影响，新媒体可以找出最有效的内容策略。

大数据可以帮助新媒体实现更精细、更个性化的内容生产和推荐，从而提高用户满意度和使用时间、增强用户粘性。

二、内容推荐

内容推荐是新媒体领域利用大数据和机器学习算法的重要应用之一。

在这一过程中，系统会根据用户的历史行为和偏好，自动为其推荐可能感兴趣的内容。以下是大数据在内容推荐系统中的一些关键应用：

（一）用户画像建立

基于用户的浏览历史、点击行为、搜索历史、社交媒体行为等数据，可以建立详细的用户画像，这其中包括用户的兴趣、偏好、行为模式等信息。这种画像能够帮助系统更好地理解每个用户，并根据个人化需求推荐内容。

（二）协同过滤

这是最常见的推荐算法之一，包括用户基于的协同过滤和项目基于的协同过滤。基于用户的协同过滤会找到具有相似行为模式的用户，并推荐他们喜欢的内容给其他相似的用户；基于项目的协同过滤则会推荐和用户以前喜欢的内容相似的内容。

（三）内容基于的推荐

在这种方法中，推荐系统会分析内容的特性，如文章的关键词、作者、分类等，并根据用户的历史行为推荐相似的内容。

（四）深度学习推荐

更先进的推荐系统可能会使用深度学习算法，如神经网络，可以来发现用户行为和内容之间更复杂的模式，从而提供更精准的推荐。

（五）实时推荐

通过大数据技术，推荐系统可以实时分析用户的行为，并根据其最新的行为数据调整推荐内容，这在新闻或社交媒体等快速变化的环境中尤其重要。

以上就是大数据在内容推荐中的一些主要应用。随着技术的进步，我们可以期待更加精准和智能的内容推荐系统。

三、内容创新

大数据技术有助于新媒体内容的创新。新媒体公司可以利用大数据来洞察用户的需求、喜好和行为模式，从而找到新的内容创新点。以下是一些具体的应用方式。

（一）发现新趋势

通过分析大量的用户数据，新媒体可以提前发现新的趋势和话题，这些趋势和话题可以为内容创新提供新的灵感和方向。

（二）用户参与

大数据可以帮助新媒体理解哪些内容能引起用户的参与和互动，这些信息可以帮助新媒体创建更有吸引力的内容。

（三）A/B 测试

新媒体可以利用大数据进行 A/B 测试，通过对比不同内容或形式的效果，找出最佳的内容策略。

（四）智能创作

一些新媒体已经开始使用 AI 和大数据来自动化生成内容。例如，一些新闻机构正在使用 AI 来自动写新闻报道。

（五）优化内容格式

通过大数据分析，新媒体可以了解用户对于不同内容格式的偏好，例如，长篇文章、短视频、图文混排等。这些信息可以帮助新媒体优化内容的形式和风格，从而创造更吸引用户的内容。

大数据为新媒体的内容创新提供了强大的工具和资源。在未来，随着大数据和 AI 技术的进一步发展，我们可以期待看到更多新颖和个性化的内容出现。

四、决策支持

大数据在新媒体决策支持中发挥着重要的作用，这种决策可能涵盖内容策略、营销策略、用户体验优化、资源分配等多个方面。以下是大数据如何帮助新媒体作出更好决策的一些方式。

（一）用户行为分析

新媒体可以通过分析用户行为数据，如点击率、浏览时间、搜索历史、社交分享等，来理解用户的需求和兴趣。这些信息可以帮助新媒体优化内容策略，例如，选择更受欢迎的主题或者格式。

（二）市场趋势分析

新媒体可以使用大数据来跟踪和分析市场趋势。这些趋势可以为新媒体的决策提供重要的参考，例如，决定投入更多资源在哪些领域，或者提前布局新的市场机会。

（三）A/B 测试

新媒体可以利用大数据进行 A/B 测试，通过对比不同选项的效果找出最佳的决策。例如，新媒体可以测试不同的内容策略、广告策略或者用户界面设计，然后根据测试结果来优化决策。

（四）预测分析

新媒体可以利用大数据进行预测分析，例如，预测用户的行为、市场的变化等。这些预测可以帮助新媒体提前做出准备，能更好地应对未来的挑战和机会。

（五）广告优化

新媒体可以利用大数据来优化广告策略。例如，通过分析用户的行为和偏好，新媒体可以更精确地定位广告，从而提高广告效率。

大数据为新媒体的决策提供了丰富的数据支持和深入的洞察。通过大数据，新媒体可以作出更准确、更有效的决策，从而提高业务效率和效果。

五、广告优化

在新媒体领域，大数据可以极大地帮助优化广告策略、提高广告效果、降低投放成本。以下是一些主要的应用方式。

（一）精准定向

通过收集和分析用户的行为数据、地理位置、兴趣爱好、消费习惯等，新媒体可以构建出详细的用户画像，从而实现精准的广告定向。比如，对于喜欢运动的用户，可以推送相关的运动装备广告；对于经常在某个城市出差的用户，可以推送该城市的酒店或餐厅广告。

（二）广告效果评估

新媒体可以利用大数据分析广告的点击率、转化率、用户满意度等指标，从而准确评估广告的效果。如果某个广告的效果不好，新媒体可以及时调整广告策略。

（三）广告内容和形式优化

通过大数据分析，新媒体可以了解用户对于不同广告内容和形式的偏好，从而优化广告的设计。比如，一些用户可能更喜欢视频广告，而另一些用户可能更喜欢图文广告。

（四）实时调整

新媒体可以根据实时的大数据反馈及时调整广告策略。比如，如果发现某个时段的用户更活跃，新媒体可以选择在这个时段投放更多的广告。

（五）预测模型

通过机器学习和大数据技术，新媒体可以构建预测模型，预测用户的购买行为、广告点击行为等，从而提前作出广告决策。

大数据技术可以帮助新媒体实现更精准、更高效的广告优化，从而提高广告的投放效果和回报率。

六、智能生产

智能生产通常指的是通过利用人工智能（AI）和机器学习（ML）等先进技术实现自动化、高效和精确的生产过程。在新媒体领域，智能生产可以应用在以下几方面。

（一）自动化内容生成

一些新媒体已经开始使用 AI 来自动化生成内容。例如，AI 可以自动写新闻报道，生成天气预报，或者编写简单的体育赛事报道。

（二）内容策略优化

AI 和大数据可以帮助新媒体优化内容策略，例如，选择更受欢迎的主题、调整发布时间等。

（三）内容推荐

AI 和大数据可以帮助新媒体实现个性化的内容推荐。通过实时分析用户的行为和反馈，新媒体可以立即调整推荐内容，以满足用户的当前需求。

（四）用户交互

AI 可以帮助新媒体实现智能的用户交互，例如，使用聊天机器人来解答用户的问题，或者使用自然语言处理技术来理解用户的评论和反馈。

（五）广告优化

AI 和大数据可以帮助新媒体实现精准的广告定向、评估广告效果、优化广告内容和形式、实时调整广告策略以及预测用户的行为。

智能生产正在改变新媒体的内容生产和分发方式，使之更高效、更精准、更个性化。随着 AI 和大数据技术的进一步发展，我们可以期待看到更多的智能生产应用出现。

大数据对新媒体的影响是全方位的，不仅仅局限于内容生产。在未来，随着大数据技术的进一步发展，这种影响可能会更加明显和深入。

第三节　大数据改变新媒体的内容运营

一、新媒体的内容价值实现——内容运营

在此前的章节中，我们简单介绍了目前主流的新媒体机构在内容价值的实现上主要有三种方式。

具体来看的话，第一种是将内容销售给用户，包括个人用户与机构用户，然后获取一定的收入，从而体现出内容的价值。按照通常的理解，视频网站的用户付费形式就是这种内容价值体现方式的代表；第二种是合理设计内容播出过程中的各种品牌曝光机会，即广告产品，并将其销售给广告主从而获取广告收入。无论是硬广告还是软广告，都是这种内容价值的重要实现方式；第三种就是将内容的不同版权产品销售给其他媒体机构或者播出平台，从而获得相应的版权收入。

为了获得更高的盈利，最大程度地实现内容的价值，新媒体机构除了需要提升内容本身的质量、提高其吸引力之外，还需要通过各种各样的包装方式、营销手段去进一步提升自身内容产品的价值，从而获取更大的收益，这就是我们所说的内容运营过程。

具体来说，"运营"的概念包括内容的编辑、推荐和销售三方面。

在本章的第一节中，我们已经论述过，与传统媒体相比，新媒体的内容运营模式是有着鲜明特色的。以互联网为代表的新媒体机构在内容运营方面经历了不同的发展阶段。第一阶段是较为粗放的内容运营模式：广播式媒体通过自制或者采购、合作等方式，获得优质的内容，并且按照用户需求的种类、时间、区域差异等将其编排并分发出去。而互联网媒体的内容运营因为一开始就不是构建在自制内容基础上的，没有独立的采编权，故其在内容运作上是对传统媒体数十年内容沉淀的"盘剥"和"压榨"。互联网媒体能够将海量存储内容的多媒体性质呈现给用户，并且主要通过"标题党"的形式不断创新策划和编排手段，使得原来线性内容在被加工整理后更符合互联网用户的使用需求。

第二阶段则开始运用数据的力量：在内容缺口和创新压力下、技术支

持下，互联网媒体构建了数据库创建内容的运作模式，通过构建强大的数据库并对其进行管理，梳理数据指标之间和不同数据库结构之间的关联。互联网能够把原本零散而没有关联的信息重新组合起来，生产出人们所需要的信息内容，于是其内容运营的能力得以大幅度提升。在内容营销方面，内容本身的数据、用户的基础数据、用户的信息浏览和使用习惯数据、信息传播过程中产生的交易行为数据等，这些通过传统方式很难得到的数据，在互联网上变得非常便捷。数据是透明的、可寻址的，这就使得互联网上的数据库营销更为常见而高效，而且屡见创新。

2012 年之后，大数据技术席卷了整个传媒产业，给新媒体的内容运营带来了更加深远的影响。在本章节中，我们将重点讨论大数据如何从这三方面来改变新媒体的内容运营，并最终影响其内容价值的实现。

二、大数据在新媒体内容集成和分发中的运用

此前，我们已经探讨过新旧媒体在内容运营中的差异，并指出在新媒体内容的运营过程中，内容被视为"产品"。而被赋予了产品观的内容运营就会在产品本身质量之外追加更多对"包装"的要求，以便更好地吸引消费者并销售出去。对于用户来说，内容的编辑与推荐就相当于内容产品的包装和铺货，如何利用大数据技术来提升编辑的能力、推荐的精准性、分发的针对性，尤其适应新媒体环境下受众碎片化和个性化的传播特性，就成为新媒体机构内容运营体系中的重要命题。

（一）人工与数据相结合的编辑策划，深度挖掘内容价值

互联网的发展带来了信息的大爆炸。对于个人用户来说，可以浏览的信息量过于巨大，不同网站内容中同质化的程度也较高，难以作出选择。对于新媒体机构来说，帮助用户进行信息筛选，同时，让自身的内容产品获得竞争优势以吸引用户的注意，这些工作是通过适当的编辑、包装和精准推送来实现的。换个角度来说，即便同样的内容素材，也会因为不同的加工方式和编辑推荐而产生不同的效果。所以，我们认为，编辑与推荐过程其实是对内容价值的再次解读与深度挖掘，也是新媒体内容运营的重要组成部分。大数据在这项工作中的重要意义就在于帮助新媒体机构提升效率与效果。

在视频网站中，YouTube 可谓是鼻祖。该网站首先将所有内容做了一个基本的划分，包括热门、音乐、体育、游戏、电影、电视节目、新闻、直播、

焦点和 360° 视频共十个频道组。其中，音乐、体育和游戏三类由系统自动归类生成。这十个频道组从内容类 90 大数据与新媒体运营型、体验类型、热门度等多个角度对视频进行了归类，方便用户进行查找。几乎所有的互联网媒体都会对自身的内容做一个基本分类，这种分类方式首先是根据内容类型进行划分的，但同时也会根据用户调研、市场竞争等各种反馈数据来进行辅助决策，对内容产品进行基本的编辑策划。

另一个能够体现出人工编辑、策划思路的就是新媒体内容的"排序"，首页推荐、置顶、排行榜等都是典型代表。如，新浪微博推出智能排序功能，用户访问新浪微博时可选择"智能排序"或"更新时间排序"。有网友访问新浪微博时，界面会显示"温馨提示：你正通过智能排序的方式浏览微博，智能排序依据你的喜好帮你梳理微博内容"。新浪微博客服表示，智能排序是根据用户的关注、标签和微博内容等相关信息来判断用户的喜好，从而进行微博排序的。

（二）准确预判用户需求并进行相应的内容推荐

在进行合理的内容编辑之后，第二步是需要用到更多数据的推荐工作。除了用户可自主进行频道订阅以外，新媒体机构还会进行相应的推荐。为了提升这种推荐行为的精准程度，新媒体机构需要搜集大量的用户行为数据，以准确判断用户的偏好和倾向。一个简单的例子是，用户在视频网站观看视频之后，网站通常会有相应的内容推荐。比如，同一导演、演员的其他作品，相似主题的作品等，用户点击越多证明推荐越成功，这种推荐就是依靠大数据来实现的。

通过数据分析，视频网站的用户大体可以分为两类：一部分是有明确收看目的的，对于这部分用户，视频网站要做的是帮助用户减少观看过程中的操作动作，让他们能够快速找到想要收看的内容；另一部分用户因为没有明确的收看目的，所以要根据数据为他们进行合理的内容推荐。

但是，一个人会归属于多个人群，一篇文章也会有多个标签。因此，必然会有多篇文章推荐给这个用户，如何确定推荐顺序呢？《今日头条》的推荐算法的核心原理是让用户对文章进行投票，并把得票率最高的文章推荐给相同的人群。按照"W1× 候选 1 的投票率 +W2× 候选 2 的投票率 +W3× 候选 3 的投票率 +……= 最高分"这一公式，计算出一个得分，按得分的高低来排序，就可以得到推荐文章的候选顺序。推荐能够满足的是用户的个性化需求，而实际上，并非用户的所有阅读兴趣都能够被算法所洞悉、满足。有一些共性的需求，用算法来解决，不如用频道运营的方式来实现效率更高。因此，今日头条还会让机器将内容分成各种版块让用户订阅。

（三）快速、有针对性的分发传播可以有效提升新媒体内容价值

新媒体传播的一个特性就是速度迅捷。在内容生产方面，大数据等技术的出现使得抓取、编辑、整理的速度不断提升，新媒体机构在生产和集成内容的同时，也作为其他媒体机构的内容源而存在。所以，在内容集成的同时，内容分发也在发生。因此，利用数据技术优化分发与传播路径，同样是新媒体机构内容运营的一个要点。

通常来看，如果想要优化分发与传播的效果：第一，必须对不同媒体、不同终端的用户的行为偏好有充分的了解。以视频产品为例，电视端更适合播放长视频以及画面精良的视频内容，而手机等移动终端多半用来满足用户碎片化时间的信息获取需求，所以视频内容宜简短；在一天的不同时间段里，用户对于视频内容的类型的需求也会存在差异，如新闻类、娱乐类、科技类、生活类不一而足；不同的用户群体对于视频内容的类型和特征存在需求的差异点。针对这些特点，内容生产者在将内容分发至不同的媒体类型以及终端类型时，应对用户行为、需求数据有充分的了解。第二，对于下游的传播路径也应当有一定的了解，以便掌控整个内容传播的过程，从而提出相应的优化方案与问题解决方案。

三、大数据在新媒体内容交易中的运用

新媒体的内容运营流程中的另一个重要环节是内容的交易，包括内容的购买与销售、内容的置换等。在全球媒体产业中，内容交易市场已经非常规模化和成熟化，国内的内容交易也由来已久，在大数据的作用下，新媒体的内容交易出现了更多的变化。

（一）数据与内容交易密不可分

按照此前的论述，新媒体内容运营的另一个重要环节是通过内容销售实现版权收入。这就涉及了内容交易这个话题，交易双方在交易过程中必须对所交易产品进行充分的评估。然而，媒体内容产品不同于普通的标准化产品，它同时兼具物质产品与精神产品的属性，因而对媒体内容的评估是一个

专业化程度很高的课题，在国内外已经有了上百年的学术探索和机构实践历史。不同种类的内容产品、不同阶段的内容产品，在评估方法、交易估值方面都会存在显著的差异。

一直以来，媒体内容的交易评估都在追求尽可能的准确与精细。为了不断优化交易决策，交易双方需要了解待交易的内容产品方方面面的数据与信息，并将这些数据、信息进行有效的整合，从而为决策判断提供重要参考。

总体来说，用以进行内容交易的内容评估是一套完整的数据体系，包括评估指标、评估方法和评估流程。这三个变量的不同会直接影响最终的评估结果，从而改变交易行为。因此，一直以来，媒体的内容产品交易都与数据密不可分，只是在不同的发展阶段。由于人们能够掌握的数据量的大小、数据类型的多少、数据分析和处理能力的强弱不同，因而体现出了不同的特点。

（二）大数据优化了内容产品的交易流程

内容交易的第一个环节是交易之前。此时，卖方需要考虑三个核心问题，即销售怎样的产品、何时销售、以怎样的价格销售。销售怎样的产品，需要卖方充分结合市场需求，对内容素材进行适当的编辑和包装，比如此前提到的拆条、重组等，因为不同的买方需要的内容产品是不同的。何时销售即思考在怎样的时机将产品销售出去，从而获得最高的利润。以怎样的价格销售考虑的是定价问题，而买方考虑的问题与此相对应，也是用怎样的价格，在怎样的时间，购买怎样的产品。

此后的环节就是交易中的交易管理和交易后的交易维系等。在新媒体机构的内容产品交易中，大数据的作用体现在两个基础层面。第一，帮助交易双方获取更加大量的数据作为决策支撑；第二，帮助交易双方以大数据的理念和技术手段来处理相关数据，无论是历史积累数据还是实时抓取数据，对这些数据的正确处理都可以提升数据的使用价值，更好地促进销售。

在这个过程中，利用大数据对交易产品进行充分的评估是一个非常必要的步骤。

（三）大数据改变了内容产品的交易方式与手段

大数据在改变内容产品交易方式和手段方面发挥了关键作用。以下是大数据如何推动新媒体和内容产业变革的一些方式。

1. 精准营销

大数据可以帮助企业更准确地理解消费者的需求、行为和预期，从而实现精准营销。例如，通过分析消费者的浏览历史、购买行为和社交活动，企业可以精准地推送相关的内容产品广告，提高转化率。

2. 动态定价

企业可以使用大数据来分析市场需求、消费者行为、竞争对手策略等因素，从而实现动态定价。例如，对于电影、音乐或书籍等数字内容产品，企业可以根据实时的市场数据调整价格，以提高销售额。

3. 预测分析

大数据可以帮助企业预测市场趋势、消费者需求和销售额。这些预测可以帮助企业提前做出决策，例如，决定开发哪些新的内容产品，或者在哪些地区投放更多的广告。

4. 个性化服务

大数据可以帮助企业提供更个性化的服务。例如，企业可以根据消费者的偏好推荐相关的内容产品，提供个性化的购物体验。

5. 内容分发优化

大数据可以帮助企业优化内容分发策略。例如，通过分析用户的浏览行为、社交分享等数据，企业可以了解哪些内容更受欢迎，从而优化内容分发策略。

总的来说，大数据为内容产品的交易提供了新的方式和手段。这些变化不仅提高了交易的效率和效果，也为消费者提供了更好的服务和体验。

第三章 大数据时代新媒体的运营途径

第一节 微信公众号的运营与推广

一、微信运营的概念

根据微信的官网介绍，微信是一个生活方式，是超过十亿人使用的手机应用，支持发送语音短信、视频、图片和文字。这个介绍是典型的 2C 的介绍，即告知用户微信有什么样的功能特点。但如果要去定义微信运营，那么就应该是一个 2B 的介绍。微信运营一般是指个人或者组织通过微信的各种产品和功能来进行运营（包括个人微信、公众号等微信产品），达成与用户沟通、服务、销售等目的。

正如微信的官方介绍，微信是一个生活方式。这种生活方式，在国内得到了最大的普及，聚集了主流的中国网民，甚至是在三四线城市，第一次"触网"的中老年人都是通过微信和移动互联网做第一次亲密接触。在这种大规模的互联网潮流下，微信聚集了大量的网民，天生就具备了一个优秀的营销平台的特征。因此，大量的企业和个人，通过微信号来聚集自己的用户，通过对用户的经营和管理来实现自身运营的目标和目的。

而且随着微信不断地发展，微信在中国网民中的渗透力越来越强，微信运营的重要性和战略性得到了越来越多企业的认可，越来越多的企业从开始的简单布局已经发展到现在的精耕细作，微信运营是新媒体运营的战略型环节。

（一）微信运营的特征

微信运营的核心都是构建在微信平台本身的基础之上，那么微信平台的特点带给微信运营什么样的特征呢？

1. 微信的用户量巨大

微信是超过十亿人使用的手机应用。这十亿用户，基本上涵盖了中国主流的消费人群。因此，在这些用户中，非常容易找到属于自己的目标用户，这带给了微信运营最基本的前提。

2. 微信的生态开放

微信不是一个封闭的平台，许多优秀的开发者都可以加入，提供各种工具、插件、小程序，从而为常规的微信运营提供了更加简单、方便、高效的基础。

3. 微信是典型的移动社交化

微信里的人群之间是一种熟人社交，特别是在微信产品朋友圈中，这种熟人社交的性质显得更加明显。如果遵循熟人社交的规律，就能达成强大的口碑、达成人人传播的运营目标。

4. 微信能实现运营闭环

微信构架了信息传播、用户分享、选择购买、用户支付、售后服务等完整的运营闭环，从而使微信运营的目标、方法、手段更加清晰和系统，微信运营具备更接地气的实操性和重要性。

（二）微信运营和微博运营的区别

提到微信，就不免会想到微博，微信和微博是新媒体时代的宠儿，也是代表新媒体运营的典型双生子。但微博和微信在运营上存在比较大的区别。如果从产品和功能上看，主要有以下几点。

1. 用户属性有差异

微博和微信都是主流的新媒体，都具备大量的用户、在用户的群体划分上，没有特别典型的区别，但在用户的使用目的上区别很大。微信对于用户而言是使用的工具，重点是用来与人进行沟通的；微博对于用户而言是了解新闻热点，是用来观看、围观的。同时，在用户接收信息的过程中，微博是有"干预"机制的，会引导用户观看，比如"热门微博"就是引导用户接收内容的方式之一。而微信却是消费者自主选择，在内容上没有任何干预。

2. 传播者会有不同

最典型的差异，在微博上有大量的明星和名人的微博号，但是在微信上极少有明星和名人的公众号，即使有，也是以名人为标签的知识和内容为代表的信息类公众号。在用户认证上，微博是广泛的，无论个人、组织还是企业都可以得到认证，成为大号。但是微信只支持企业、政府等组织的认证。

3.传播方式会有不同

微博的发布频次不受限制。虽然内容上有短小直接的倾向型要求，但因为不限制外链，所以内容的组合上非常丰富，可以图文组合、可以文字加视频、可以文字加链接等。微信的发布频次上受到限制，同时在内容上，更多的是以图文或者文字加视频的方式为主。同时，微信对内容管理非常严格，并有明确的禁止内容说明和举报惩罚机制，微博则相对宽松。

4.传播效果会有区别

微博和微信都有大量的促进互动和传播的机制，常规的社会化媒体的转、评、赞功能都会存在。但微信只显示阅读数，隐藏转发量；微博显示转发量，隐藏阅读数。

以上四个维度，只是从功能上来看微博和微信的区别，如果归纳起来从更深度的角度来看，即微博是社交媒体平台，微信是社交沟通平台。微博的属性更偏重在媒体，是一个媒体社交化的工具，基于自己的兴趣建立的相互之间的连接，但这种连接是一种弱关系的连接。所以在这种连接上，相互之间的传播是不对等的，是单向传播，即一个主体发布信息，多数人员围观。但这种传播是公开的，所以传播的速度非常快、广度非常大。微信的属性更偏重在社交上，是一个社交沟通的工具，基于相互之间的关系而建立的连接，这种连接是一种强关系的连接。所以在这种连接上，相互之间的传播是对等的，相互能交流和分享信息，信息的渗透力非常强。

基于以上的区别，微博运营的核心在于广传播浅社交，即如何更加高效地把信息传递出去，让有兴趣的粉丝关联；而微信运营的核心在于强关系深互动，即如何与用户之间进行互动，并形成长期且稳定的社交关系。

（三）微信运营和微博运营的组合

虽然微信和微博的运营有着较大的区别，涉及的运营方法也不一样，但是微信和微博之间不是二者选其一的关系，更多的时候应该采用组合的方式，相互补充才能达成更好的营销或者传播目标。

微信和微博的运营组合是内容传播深度和广度的组合。微信因为其功能和平台的特性适合做深度的长内容，微博因为其功能和平台的特性适合做广且快速的短内容。在运营的过程中，不管是个人还是组织，单一的内容形式都是不合适的，一定需要长内容和短内容组合来使用。涉及新闻属性的内容就需要快速传播，运用微博；涉及报道分析属性的内容，就需要深度剖析，运用微信。应根据内容的性质和传播的属性来合理使用或者组合使用微信和微博。

微信和微博的运营组合，是社交关系与兴趣关系的组合。微信的强关系与微博的弱关系，更应该是组合的方式。任何一个品牌面对消费者的情况都是复杂的，可能面对的消费者就是已经购买的消费者，两者之间就是强关系，此时消费者需要的是售后服务。也有可能面对的消费者是仅仅知晓的消费者，那么此时需要通过各种内容，让消费者对品牌有兴趣。在面对复杂的消费市场时，品牌是不能简单地选择偏向强关系还是弱关系的运营方式的。两种运营方式都应该存在，通过新媒体的运营让消费者自行选择，从而形成不同的阵营。而且两个阵营之间，应该加强互动，让品牌与消费者之间既存在强关系，又存在弱关系。

微信和微博的运营组合，是多种营销工具的组合。微信和微博同时存在，从另一个角度说明了两者对于用户是不同的工具，具备了不同的价值，那么微信和微博从工具的属性而言，自然有着不同。比如，微博通过私信让品牌与消费者之间进行主动沟通。而微信只有答复功能，品牌只能被动与消费者进行一对一沟通。在这一系列的功能方面，微博和微信都有差异。那么在运营的过程中，自然要进一步组合，而且需要进一步放大，把各自平台的优势工具进行更广泛地运用。

微信和微博在现有阶段都具备极强的发展空间，两者的组合方法还具备更多的发展可能性。在保持更加开放的心态的基础上，在二者组合的过程中，适当地加入其他新媒体可能会产生更多的组合效应。

二、微信运营的发展节点及核心要素

微信是一款腾讯基于用户思维而开发的战略级产品。要了解微信运营的特点，必须以产品功能为要素，重点理解每一个产品功能的开发对于运营的意义。每一次微信产品的调整，对于微信的运营都有着非常重大的影响，这种影响不仅仅是细节层面的，需要调整一些手段，更重要的是，微信每一个革命性功能的出现都可能会颠覆现有的运营逻辑和思路。

在理解微信运营的发展阶段后，我们就能够更加清晰地理解微信运营的要素。理解核心要素能够帮助我们更加全面地梳理微信运营的方法。只有从本质上更深入地理解，才能够更加灵活而合理地使用各种方法和技巧，也才能掌握微信运营的精髓。

（一）善于使用和学习微信的产品功能

微信是一个产品属性特别明显的平台，每一次功能的改进都会带来新的意义。从"朋友圈"到公共平台、从微信支付到微信商城，每一次的调整都会给微信运营带来新的方法。所以，时刻关注微信产品功能的调整是做微信运营的前提。

而且随着微信的逐步普及，微信运营的红利逐渐消失。比如，花同样的人力、物力和精力在微信订阅号上，在3年前和现在吸粉的效果肯定是不一样的。我们必须要采用与时俱进的调整方法，把握微信产品的潮流。做最早吃螃蟹的人，才能在红利消失的时代，一次又一次地把握住产品的红利。比如，微信小程序推出以后，我们是否迅速了解小程序的技术要求、使用方法、运营规则，并且强化执行力，做到成为小程序推广后的第一批运用者，这样来避免后期的大量竞争并不断地积累方法。

一般来说，要使用和学习微信的产品功能，需要从以下几方面入手。首先是运营的高度。全面理解这个产品的意义是之前某些功能的强化，还是新的方法的输出？只有更加全面地了解产品的意义，才能保证一开始就在正确的道路上尝试，而不会走弯路。然后，需要从功能的角度，对信息掌握得更全面。微信作为一款国民级别的运营，每一次的改革都牵动着国民的眼球，但在刚刚上线的早期，一定要注意查阅微信的官方信息和介绍，才能保持信息的全面性和准确性。其次，微信出身于腾讯，所以我们不能单纯地从市场端和营销端看问题，而是应该回归到产品和技术的角度，从整体上看问题。从技术到产品、运营到整个团队，人人都需要学习和掌握新生态的游戏规则。把学习微信产品上升到整个团队的重要程度，才能保障整个团队理解的一致性以及实施过程中的同步性。

（二）多种功能并重

使用和学习微信的产品功能，其目的是综合运营多种功能，从而实现微信运营的长期目标。微信是综合性的平台，具备了服务、社交、沟通、商务等多种特征。如果单一地使用微信的某种功能，虽然在短期确实能集中火力把事情做好，但是从整体和中长期考虑，还是应该通过多种组合来使用微信的功能。

对一个组织或企业而言，开展微信运营的第一步就是公众号的建设，开设订阅号或者服务号，并集中各种资源把公众号做好。但很多组织或者企业，很多时候就停滞在了第一步，只是把微信单纯地当作一个聚集用户、传递信息的工具。这样的使用方法往往会存在容易进入瓶颈、粉丝增长不前、商业变现乏力等各种问题。

既然微信已经成为国民级别的运营工具，而且这个工具的各种功能都能在全民迅速得到普及，那么多种功能的综合使用，自然能达成更多的运营目标。更重要的是，在商业化竞争如此激烈的今天，非常容易出现强者越强的状况。当竞争对手把微信运营做得如火如荼，消费者既能接收信息，又能互动，购买还能更加便利，还有完善的售后服务，那么最后的结果一定显而易见——用户会弃你而去。

（三）强关系的追求和建立

如果用一句话来概括微信的社交性，那么一定是强关系。只有把强关系放在首要位置，才能摆正组织和个人之间的交互方式；只有强化这种关系，才能保障长期而稳定地发展。那么从强关系的角度来说，一般会经过知晓、好感、信任的过程。没有达成信任，就不会产生强关系。知晓和好感建立的方式一般都比较容易，信任是企业长期追求的，也是最难达成的，是我们微信运营的长期目标。

为了达成这个目标，我们需要深度理解另外一个概念，就是到达率。微信因为其社交属性和传播特性的原因，每一次信息传递的过程中，到达率会比微博更高。到达率更高本身是一个好事，但是如果不能把握好到达率的问题，那么不仅仅是建立不了信任，更重要的是会失去关系。因此，强关系建立的核心就是在微信规则的前提下，优化用户的每一次体验。

一方面，我们需要做减法。最典型的就是，我们要亲民而不是扰民，比如对微信频率的控制、对微信各种功能的使用。没有频次的控制，在高触达的背景下，就会是扰民，也就会被取消关注。微信内容不是越多越好，功能组合也不是越多越好。我们需要思考的是，什么程度最合理，最合理才最合适。

另一方面，我们需要做加法。最需要的就是对高质量内容的追求，对微信互动的追求。没有高质量的内容，这种高触达最后就变成没有意义、没有兴趣；没有微信互动的追求，这种高触达就变成了沉默和关注，只能实现知晓和好感，而达不成信任。

（四）微信运营要整合

在微博运营的过程中，我们多次提到了整合，比如，整合传播等各个要素。微信的运营更需要整合，而且这种整合是需要贯穿到企业或组织营销的所有环节的。

从传播的角度来说，微信运营一定要整合。微信的内容不能是孤立的、微信的位置也不能是孤立的，应该整合在整体的传播内容中使微信成为社交环节中的重要一环。

从营销的角度来说，微信运营更要整合，包含整合营销的渠道、传统的店面、支付的方式和服务的流程以及电子商务渠道等更多环节。比如，在互联网＋思维下的各种小吃饭店，就是一个非常典型的例子。一方面，这些小吃饭店通过更加精致的内容得到扩散。让更多的人知晓，同时，通过地理位置的定位等各种方法，方便附近的人查找并吸引他们到店。然后到店通过微信点单，优化整个服务环节，并自动成为会员、积累积分，以促进更多消费。最后还能打通电商和外卖环节，不仅仅提供堂食，还能为用户提供更多增值服务。这一系列的整合过程中，只有打通微信运营的所有环节，才能实现运营价值的最大化。

三、微信运营的矩阵式方法

微信运营是综合的、立体的，也是矩阵式的，不是单纯的一个公众号的运营。微信运营一般都会包含服务号、订阅号、小程序、企业微信、第三方运用（如微商城）等各种功能板块。要做好微信运营，必须清晰微信运营的意义和作用，才能选择合适的方法方式。综合而言，微信具备了传播、销售、服务、经营四个作用。那么针对这四个不同作用的情况，微信运营重点使用的方法也是不同的。

（一）传播

微信从运营的角度来说，目前运营最广泛的目的就是作为传播的通道，即吸引粉丝，然后与粉丝进行深度沟通，传递品牌或者组织各种信息。这种运营的目标也是相对比较简单、门槛较低的。那么，达成这个目标的关键就是公众号的建立。

公众号是承载传播和聚集用户的核心阵地。一般来说，公众号的建设也是微信运营的第一步。公众号的建设一般需要按照以下的逻辑来进行安排。

1. 公众号的定位

和微博运营类似，定位一定是需要考虑的第一步。只有清晰的定位才能决定后续的所有环节正确与否。微信公众号的定位需要重点考虑：我是谁？我要干什么？我的目标用户是谁？我给目标用户提供什么价值？我的竞争对手做了什么？我和竞争对手的区别服务及价值是什么？思考清楚这几个问题，基本上就能给自己的微信公众号运营做一个简单的定位。

2. 公众号的选择

公众号需要选择是订阅号还是服务号。订阅号和服务号在属性上是明显不同的，虽然都能在一定程度上达成传播，效果却有着不同。首先，订阅号和服务号的基础属性是不同的，订阅号为用户提供信息和资讯，而服务号主要为用户提供服务。同时，申请的主体也不同，订阅号可以为个人或者组织，但服务号不适用于个人。其次，订阅号和服务号的微信官方管理规则是不同的。订阅号每天可以发送 1 条群发消息，而服务号每月可以发送 4 条群发消息。最后，订阅号和服务号提供的产品功能是不同的，也就是接口开放的权限不同。订阅号和服务号在使用上其实有较大的区别，所以在选择上一定要慎重。必须基于整体定位和目标的考虑，同时，基于订阅号和服务号的区别，再作出抉择。

3. 公众号的名字、功能介绍，功能板块的确认

选择完订阅号和服务号后，就需要对名字和功能介绍作出比较清晰的确认和规划。在公众号的名字上，既要遵循简单容易查找的原则，又要遵循品牌和行业相关性的原则。命名一般有三种方法：第一，简单直接法。这种方式比较适合具备一定企业或者品牌知名度的组织，比如南方航空、招商银行等企业就是运用这种方法；第二，实用功能法，即直接以功能为特征命名，比较适合品牌知名度一般但是该公众号提供特别明确的服务类别，比如酒店助手、优惠券精选等；第三，印象深刻法，用抽象十具象的方法，既用抽象

的方式让人印象深刻，又用具象的方式让消费者明确定位和方便搜索，最典型的就是电影毒舌。

在功能介绍上更是需要用简单的文字把提供的功能和特点简单清晰地让用户明确。功能介绍的目的其实更多的是针对新号和知名度较低的号。在功能板块设计上就需要更加清晰的指引了。一方面要方便用户非常清晰简单地找到自己想要的内容；另一方面要方便组织或者企业清晰简单地构建自己未来的内容铺设和安排。

不管是公众号名字还是功能介绍或功能板块，都需要在定位的指引下，遵循常规的法则，才能给整个公众号的运营带来更大的助力。

4.内容输出

在内容输出的过程中，内容质量得到了越来越多运营主体的认可，都希望能够把内容的质量不断地提升。那么，在内容输出的过程中，有什么样的方法来提升质量呢？

（1）少既是多

虽然订阅号每天都能发1次，但是每次只能发8条图文。那么真的有必要每天都发，或者每次都发8条图文吗？与其每天都盲目赶时间来保数量，不如减少数量保障质量。

（2）消费者在这里想要的干货

微信号和微博号因为各自的传播对象和沟通范围的不同，在内容的选择上有一个明显的区别，就是微博可以有各种转发，但是微信不需要转发内容。因为这个与微信的非信息交流和分享的定位有关，所以基本上所有的微信号都是以原创内容为主，也就是所谓的干货。干货大家都懂，但是消费者在这里想要的干货，未必所有的运营者都理解。所以，研究消费者心理，特别是特定场景下消费者的心理，是非常重要的，也是决定消费者对这个干货是否有兴趣的前提。这个特定场景就是该微信号到底是为消费者做什么的。

（3）细节的把控

整体的细节其实从命名就开始了，多一个字或少一个字可能对于消费者的检索非常关键。然后再到每一篇文章的标题、配图和排版，每一个细节的重视都会带来质量的提升。同时，质量的提升不应该是一句空话——感觉质量如何，而是应该落在用数据来说话，这样才能体现文章的标题、配图和排版的细节变化。什么样的标题能抓人眼球、什么样的配图能够给用户带来更加细致的感受、什么样的排版能够让用户更愉悦，从而来提升整篇文章阅读过程中的停留时间。但同时不能过于极端，成为标题党，最后文不对题，或者影响品牌调性，就得不偿失了。

5. 互动管理

粉丝的互动与管理是微信运营非常关键的一步，没有互动就无法吸引更多的粉丝，从而难以突破瓶颈。没有互动整个微信就会缺乏活力，最后无法达成运营目的，最终失去积累的粉丝。

互动管理一般分为：系统化管理和体系化管理。

系统化管理是指通过设置系统的方式，实现用户与微信公众号之间的互动。公众号是一个系统的平台，很难实现一个编辑来与消费者一对一地持续沟通，即使通过诸如评论回复等方式实现，其实也很难保障沟通的效率和质量，所以需要通过系统来设定。一般需要设定关键词回复设置，主动发送设置和内容推荐。最简单来说，当一个用户加了公众号，首先，公众号要推荐什么内容？然后用户如果需要筛选内容该如何实现？用户看完内容后该如何引导用户来看更多内容？

体系化管理是指通过更加体系的管理，通过以活动为核心的方式与用户进行互动，从而能更加有效地管理用户。在体系化管理的过程中，活动策划显得尤为重要。微信内容基于用户互动的活动主要分为：抽奖赠送类、转发有奖类、竞猜答题类、游戏参加类等四种方式。这种活动在日常的微信运营过程中出现的频率比较多，但需要注意的是，这四种只是基本的方法。在实际的运用过程中需要加入更多的创意，才能真正激活这四种常规的形式，不然就会沦为活动粉广泛参加，而真正粉丝却不关注的尴尬状况。

除了公众号以外，微信还有大量的广告形式也具备传播的价值，主要有公众号广告和朋友圈广告，其中和其他媒体广告不同的形式就是朋友圈广告。通过微信朋友圈广告，可以实现品牌活动推广、公众号推广、移动应用推广、微信卡券推广和本地推广。朋友圈广告除了本身广告形式是出现在用户朋友圈的信息中以外，另一个比较重要的特点就是能够实现精准定向。朋友圈广告支持按照年龄、性别、地域、手机系统、手机联网环境、兴趣标签等属性进行定向。

朋友圈广告是按照CPM（千人曝光成本）进行收费，在按照价格来付费的过程中要做好朋友圈广告的核心就是在有限的CPM中提升更高的价值。那么就需要在朋友圈广告创意上激发更多消费者的点击和评论，以及看到朋友圈广告后实现更多的转发。

微信的传播是具备极高的价值的，基本上在每个组织的微信运营过程中，传播都是基本的运营服务。在做好传播的过程中，公众号的运营加朋友圈广告是运营的重中之重。因为只有在传播的基础上，才能够更多地吸引用户成为粉丝，所以微信传播不仅是一种对外传递品牌价值或者信息的功能，也是微信运营的基础条件。

（二）销售

微信是一个强大的营销工具，利用微信的社交属性实现其销售的价值，是每一个组织都希望达成的目标。微信运营的核心目标之一就是聚集粉丝。聚集粉丝一定是有其商业价值存在，那么粉丝的变现以及如何实现销售。是各个组织都关注的重要内容。微信的销售一般由以下几种方式构成。

1.通过内容实现销售

该方式建立在微信内容运营的基础之上。最常见的方式就是打赏，但是该方式在近期因为苹果分成等原因，在IOS平台上取消了。腾讯和苹果之间的博弈，作为组织而言，肯定希望该方式能够恢复或者有其他更好的解决方法。同时，因为粉丝聚集的作用，公众号很自然地拥有了广告价值，广告的售卖也自然成为通过内容实现销售的又一种方式。

2.通过商城实现销售

直接销售产品是微信另外一种特别直接的盈利模式。开通微商城来实现产品的销售是常规的模式之一。微信因为具备强大的社交属性，所以在其营销过程中，自然能建立从了解商品、熟悉商品、购买商品到分享商品的闭环，帮助商家一站式地实现营销价值。基于微信又是熟人社交，熟人之间的分享对购买决策又能起到非常重要的作用。在整个闭环的过程中，微信商城就是一个非常好的平台，其能够将粉丝自然地转移到销售上。

3.间接实现销售

该方式是指以微信作为桥梁帮助销售，从而达成销售的目标。以汽车销售为例，要做好微信的销售，可以从多角度获取粉丝、多活动激发到店、多维度增进好感、多理由试乘试驾、多频率沟通跟进、多刺激分享交易等六个方面的"六多"来实现全面的微信销售，从而帮助达成汽车销售的目标。而且在这六个维度上，虽然每一个维度微信都是最好的工具之一，但每一个维度其实都不能通过微信来直接实现销售。把微信作为一款工具，帮助销售提升效率，也是微信的重要作用之一。

要达成微信的销售作用需要以微信为基础，合理地运用微信的功能，将粉丝的作用达成最大化、将微信的效率达成最大化，才能最佳地达成销售的目标。

（三）服务

微信通过其平台的价值，从传播到实现销售，再到售后服务或常规服务，都能帮助企业更好地达成营销。售后服务或常规服务是微信在服务属性上所具备的又一强大功能。

在移动互联网时代，传统的 PC 端因为其不便利性，致使消费者越来越多地往手机端转移。由于 WAP 不便利、APP 太重，而微信正好属于达成平衡的中间点，可提供 APP 所有常规功能，又不至于让消费者极其不便地下载各种软件。微信的服务体系确实在这种大背景下适应了整个时代的要求。

（四）经营

从营销角度来看，微信能帮助传播、销售和服务；从企业经营的角度来看，微信也提供了另外一片广阔的天空。

企业号（已升级为企业微信联系人）是对内经营管理的重要助手。微信企业号官方介绍显示：微信企业号能帮助企业、政府机关、学校、医院等事业单位和非政府组织建立与员工、上下游供应链及内部 IT 系统间相连接，并能有效地简化管理流程、提高信息的沟通和协同效率、提升对一线员工的服务及管理能力。微信推出企业微信，其目标就是帮助企业在移动互联网时代实现其更强大的作用，在企业内部做到移动时代的管理转型。企业微信的合理使用，确实能帮助各种企业降低经营管理过程中的时间成本，提升内部效率。如果进一步提升其作用，甚至可对企业整体供应链和财务等体系都给予更多的助力。

小程序是企业对外经营过程中的重要手段。小程序到底具备什么样的价值呢？一方面，它能帮助大型互联网服务类企业提供更多流量及入口；另一方面，它能帮助更多中小企业节省 APP 开发成本，帮助企业搭建与消费者之间的桥梁。更重要的是，它能通过以微信为核心的各种场景，提供更多的生活类互联网服务，刺激更多的价值产生和产生更多的业务经营。虽然小程序推出不久，各种体验还有待加强，但小程序的推出就是要集除游戏和所有重服务以外的应用场景和服务于一体，其未来的经营潜力无限。

四、微信新闻传播研究

（一）新闻在微信朋友圈传播的特点与缺陷

微信朋友圈像是一个部落。在这个部落中，人们总会存在一些共同点，比如文化、习俗、阶层等，所以微信朋友圈中的信息具有明显的个性色彩，是一种内容分类型传播，且不同人的朋友圈都具有不同的类型。如，一个孩子的妈妈，她的朋友圈可能会时常分享育儿经。如果这个孩子的妈妈又是一个上班族，她的同事们会分享与职业相关的新闻。因此这个孩子的妈妈就处在多个部落的交集中。

每个部落就好像一个闭合的圆圈，而某个用户就处在多个圆圈的重合部分；也就是说，微信用户可以接收到来自多个部落的不同类型特点的信息，所以每个微信用户所接收到的信息就存在一个清晰分类，这是每个分享信息的朋友其个性色彩的体现。微信朋友圈的这个特点相对于微博新闻传播来说，具有自动分类和过滤信息的特点。微博中传播的新闻信息零碎庞杂，没有分类。对于微博用户信息来说，这会增加其辨识信息的成本。微信传播的新闻信息，相对于微博的零碎庞杂信息来说，其传播是一种较为清晰的定向传播。但是与传统媒体或门户网站的信息分类不同，微信的信息是按照微信用户的兴趣、身份、爱好等来进行区分的。由于微信朋友圈具有强关系性，每个人的朋友圈都是基于相似的兴趣爱好、阶层身份、职业等形成的，所以微信朋友圈的新闻传播更像是一种私人定制，具有鲜明的类型特点，属于一种精准传播。

新闻在微信朋友圈中的传播是很有效的。与微博的海量信息有大部分都被用户忽略不同，微信新闻信息被接收和传播比例较高。因为微信朋友圈中的用户之间具有一定的相关性，所以用户分享新闻消息的有效性大大增强。

1.社交媒体新闻传播的特点

（1）日常性实用性和社交性明显

现阶段，在朋友圈当中传播的新闻基本上都是与我们周边事情紧密相关的内容，比如衣食住行、家长里短、生老病死、人生规划、民生政策，等等。这些新闻一般还可以给大众提供谈资，例如，体育新闻、娱乐新闻，等等，这都充分展现出了传播的日常性和实用性。另外，其传播还具有极强的社交属性，这是因为朋友圈是建立在熟人网络基础上的，用户在职业、血缘、地缘等社会关系基础上获取新闻；同时，对这些内容进行阅读和传播，可以使大众获得一定归属感及满足感。

（2）病毒化传播严重

病毒化传播，就是通过人际关系以及公众力量层层席卷使得信息能够快速扩散的一种方式。从收到信息到二次传播，然后再继续不断传播的循环互动，使受众对新闻的态度开始从原先的被动型转为主动式。通过朋友圈这种传播优势，那些热点新闻往往会呈病毒态势传播出去。这种将一个微信用户当作中心节点，然后朋友之间相互嵌套叠加，形成的多层级信息网络，可以引起非常大的传播效果。

（3）生产及消费随意随时

朋友圈新闻的生产及消费与大众传播存在很大的差别：第一，从时效性方面来讲，大众传播中的新闻生产及受众消费，其界限都是非常明确的，存在一个象征分界的截稿日期。但是伴随着移动互联网的发展，新闻生产时间变得越来越短，甚至是生产与消费同时进行，因此，随意随时性比较大。第二，朋友圈新闻的生产和原先单向、序列的时间线不同，所有人都可以接触到这些信息。那些热点新闻，一部分用户是通过"刷屏"获得的，当其打开朋友圈之后，看到很多好友都在同一时间转发了类似的消息，和看到报纸以及电视节目报道同一类型的事件是非常相似的。

除此之外，相同的事件在发生一段时间之后又会重新进入到大众的朋友圈，所以其新闻的同步和异步传播就形成了时间的多重维度。

（4）微信朋友圈新闻传播的理性特征

微信朋友圈新闻传播较微博传播更为理性。而微博信息传播具有非理性的特点。在微博传播中，是由大量有着类似经验与情感的大众推动着新闻事件的传播，他们之间相互呼应、感知和认同，一起促进了新闻事件在大众间的传播。而微信的新闻传播呈现出理性化的特点，微博新闻传播的受众群，彼此之间大都是陌生人，所以他们能够同心协力推动一条信息传播，一定是有共性的情感内容，例如，对弱者的同情、对为富不仁者的鄙斥、对高尚者的崇敬等。但是微信中的朋友圈来自用户社会中的人际关系网，彼此间具有现实的联系，这就使得微信朋友圈的新闻传播充满理想的视角与现实的分析，而不是仅仅凭借情感上的经验。所以，微博中那些尚未被证实或充满争议的消息会有很大的传播力度与强度，但是在微信朋友圈就很少出现这种问题。在现实的关系网络中，微信用户在传播消息的时候会对信息进行筛选和理想思考，判断其是否会对朋友圈中的好友产生不好的影响。基于此，微信中很多不确定的新闻信息大都会被终止传播。

微信朋友圈的新闻内容大都具有很强的深度。微信新闻传播由于没有字数上的限制，所以为新闻的深度报道提供了可能。因此，我们在微信朋友圈看到的新闻大部分是有深度、有思想的评论和观点。在这个信息爆炸的时代，我们需要的就是这种对新闻的深度解读。总之，微信朋友圈新闻信息的理性分享以及微信无字数限制的特征，成就了微信朋友圈新闻的深度传播。

（5）微信朋友圈新闻传播的局限性

微信朋友圈的新闻传播虽然是一种较为准确的在很强的关系网中的定位传播，但其新闻传播还是有很大的局限性，具体如下。

第一，微信朋友圈的这种较为准确的定位传播不是有意为之的，而是自然形成的。这种新闻链条由于是自然形成的，所以比较脆弱，容易断裂。微信用户分享和传播新闻都是随机的，而不是定量定时的，加之微信用户的朋友圈人数是有限的，因此，微信用户从朋友圈里面获得的新闻信息是不稳定的，而且十分有限。

第二，微信朋友圈信息的新闻性不高。由于朋友圈的人数有限，朋友圈中很少有原创性的新闻，同时，对其他媒体发布的新闻进行转发没有太大意义，因为当下人们获取新闻的渠道太多。所以，从微信朋友圈中获知时效性强的新闻信息的可能性很小；也就是说，信息的新闻性是比较弱的。

第三，在微信朋友圈中传播新闻会受到多种因素的干扰。微信不仅是即时性的通信工具，还是一个手机社交软件。在朋友圈中，出于维护强关系网的需要，朋友之间的聊天互动、生活记录、随感发布等会占据微信朋友圈内容分享的相当大一部分比例。所以，各类内容的不断刷屏，容易使微信中传播的新闻被淹没，从而影响新闻阅读和接收的体验和效率。

第四，微信较为理性化的传播特征是有局限性的，表现为现实关系网络维护的要求，限制了自我的真实表达。这就使微信朋友圈中很少见到意见的对立与冲突，所以就导致微信朋友圈缺乏自由表达的空间、自由表达市场难以形成。

2. 社交媒体新闻传播中的问题

（1）内容混杂，真假难辨

朋友圈中的新闻在发布时基本不会审核，所以其内容真假无从证实，其中鱼龙混杂，还充斥着不少谣言，这些假新闻给人们的生活带来了很大影响。通常这种假新闻泛滥的主要原因有两种：第一，缺少审核人员，不少"新闻"都是个人爆料，并未通过专业人士采访和论证；第二，生产者过于追求时效性以及"爆点"，为了吸引眼球不择手段，主观臆测比较严重，同时还会夸大事实，扭曲新闻事件的本来面目。

（2）舆论无法实现统一化

新闻工作者要始终坚持正确的舆论导向，这样才能确保人们依照社会政策与方针实施社会活动。朋友圈新闻传播使大众从原先的被动接受信息转变成了主动接受信息，这样的模式虽然能够有效促进各种信息的快速流动、不同思想之间的相互碰撞，但是也带来了很多问题。

（3）情绪渲染严重

朋友圈的新闻传播为了能够吸引更多的目光，生产者往往会在很大程度上渲染和夸大新闻事件。再加上很多个人及媒体为了追求时效性，往往会在有限信息基础上，通过评论方式补充新闻信息，其呈现及解读通常都无法避免地带有一定主观情绪及色彩。所以，其新闻传播中都存在一定情绪化、极端化和戏谑化，只注重了关注度，并不负责探究事实真相，没有底线、没有原则，甚至无视道德及法律法规的约束。这就导致人们无法有效了解事件的原本面貌，无法有效探究事件真相，甚至会给人们的社会心理及价值观带来负面影响。

3.对微信朋友圈新闻传播的监管

（1）强化内容监管

现阶段互联网监测技术已经日渐成熟。虽然朋友圈新闻传播具有极强的封闭性，但是对其内容进行监测，在技术方面还是能够实现的。第一，将那些生产新闻的自媒体在比较明显的位置进行公示，构建实时且透明的失信名单以及信用档案，帮助公众尽快识别那些可信度比较低的自媒体，以便有效甄别真假新闻；第二，微信平台必须要强化对朋友圈内容的审核，对虚假新闻进行有效管控，净化传播环境。

（2）强化监管职责

除了技术支持，还必须要在政策及法律法规方面加强监管，使微信运营商明确自己需要承担的责任。微信运营方要在提供高品质内容的过程中，加大整治朋友圈传播中存在的乱象行为，提供更多的解决措施及方案。比如，可以把公众号注册门槛提高一些，从根本上减少一些虚假新闻制造者，或者也可以定期给用户公示那些违规的账号。

（3）强化自律

新闻数量不断增多，其内容在日渐丰富的同时也趋向同质化。一些微信自媒体为了出奇制胜，开始转变其内容的具体呈现形式，使得内容变得越来越肤浅、低俗。对此，传统主流媒体可以在政府部门支持下，与那些遵循新闻准则、恪守新闻道德的自媒体联手起来，构建监督管理组织，并在统一的规范下实现相互制约，降低监督成本，有效地规范朋友圈新闻传播的秩序。

总之，我国对于朋友圈新闻的传播及监管还处在探索期。今后，任何人都可能变成新闻的生产者及传播者，要确保其传播可以经受住考验，就必须要依赖监管机构的严格把控。在信息爆炸的时代，让用户准确且快速地找到最有价值和最真实的信息，才是朋友圈新闻传播发展的基本方向。

（二）新闻在微信公众号的传播

1.微信公众号发展现状

对于微信公众号来说，作为微信中重要的产品之一，随着微信的快速发展也获得了极大的发展。在2012年，微信公众号被创建，并且存在三种类型，即企业号、服务号以及订阅号。三种微信公众号类型都可以实现一对多的新闻信息传播，用户可以通过微信公众号接收自己喜欢的新闻信息或是对自身发展有用的新闻信息。截至目前，我国民众通过各种互联网平台了解世界已经成为家常便饭。因此，通过微信公众号进行新闻信息传播是一种十分有效的传播方式。

2. 微信公众号在新闻传播中的应用价值

（1）微信公众号为社区应用价值

微信是一种第三方平台，能够为用户提供自由化阅读，用户可以通过微信浏览各种社区，从而与其他用户进行交流沟通。如，新闻媒体可以通过收集微社区中用户的浏览信息来掌握更多用户的信息。因此，微信公众号是用户获得各种新闻信息的重要渠道之一。比如，用户打开某个微信公众号，就可以通过这一微信公众号传播自己身边发生的事情或是分享自己的心情等。而这一微信公众号的工作人员就可以微信公众号收集用户身边的各种新闻信息。同时，同处于这一微信公众号的其他用户也可以获得新闻信息，并且通过评论等方式对某个新闻进行剖析。

（2）微信公众号可以及时推动精准内容

微信公众号运行的主要支撑是微信公众平台，如果用户关注了某个微信公众号，该微信公众号上的各种信息就会及时进入微信公众平台。在此之后，微信用户就会被微信公众平台进行分类，从而促使不同的微信用户获得自己需要的新闻信息，此时，就能够体现出微信公众号及时推送精准内容的价值。同时，在此基础上，由于新闻信息被传递到需要的用户手中，新闻信息本身的价值也能够得到提升。除此之外，微信公众号不仅具有对新闻信息进行精准推送的价值，还具有及时进行新闻推送的价值。微信公众号可以通过手机及时将各种新闻信息推送给用户，促使用户在第一时间了解到各种新闻信息。

（3）微信公众号维护用户关系的价值

对于任何一个企业的发展来说，营销是其中重要的组成部分。品牌营销企业营销中最重要的部分，也是维护用户关系的重要手段之一。新闻媒体也需要维护用户关系。当新闻媒体在微信公众号中发布新闻信息时，关注这一微信公众号的用户就可以进行评价以及投票等，而新闻媒体则可以通过微信公众号深入了解用户需求，还可以通过微信公众号提升用户活跃度。从这里能够看出微信公众号在维护用户关系中的价值。

（4）微信公众号的监督价值

微信公众号的普及和发展，促使更多个人微信公众号和企业微信公众号出现。不同微信公众号所推送的内容各不相同，质量也参差不齐，所以需要对微信公众号进行监督。首先，政府相关部门可以通过颁布相关文件对微信公众号的新闻信息推送进行监督，对微信公众号所处环境进行净化，以降低不良微信公众号对用户造成的影响。同时，公众可以通过微信公众号对政府的工作进行监督。监督权是公众基本权利之一，公众可以通过微信公众号发表自己的意见或者是提出自己的建议，这不仅可以监督政府出现的问题，还可以督促政府为民众提供更好的服务。

（5）微信公众号编辑方式价值

在微信公众号中，用户可以根据自己的实际情况对文字、图片以及视频等进行编辑，但是，受用户本身能力的限制，编辑完成的内容较为单调，亮点不足。随着微信公众号的不断发展，其内部有了更多编辑方式，文字、视频以及图片等方面的编辑方式不断增加。这不仅满足了用户编辑需求，还能够促使新闻媒体工作人员的工作效率得到强化和提升。

（6）微信公众号去中心化价值

在微信公众号中，因为大部分微信公众号没有统一的订阅中心，所以微信公众号存在的一个目标就是去中心化，并且这一理念一直是微信公众号的重要发展理念之一。从目前来看，微信用户能够通过微信的搜索功能搜索到自己喜欢的微信公众号，从而获得自己所需要的新闻内容。对于新闻媒体来说，只有促使自身新闻内容质量不断提升，才能够更好地吸引用户。

3. 新闻传播应用微信公众号中存在的问题

目前，很多新闻媒体都应用了微信公众号，并且获得了一定成效，但其中还存在不少问题，具体主要体现在以下几方面。

（1）内容同质化，虚假新闻横行

在传统新闻媒体时期，信息对于各个新闻媒体来说是一种稀有资源，因此，掌握信息资源对于新闻媒体十分重要。之前，受众只能够被动接收各种信息，但随着新媒体的发展，信息的传递者和接收者身份产生了变化，即信息传递者也是信息接收者。信息资源不再是稀有资源，且新闻媒体之间的竞争愈加激烈。随着微信公众号的发展，传统新闻媒体原有垄断地位被打破，导致一些新闻媒体抄袭他人新闻信息进行传播，从而导致新闻传播内容产生同质化问题。另外，随着新媒体的发展，所有人都可以在网络中表达自己的观点或是分享自己的生活内容，这保障了新闻信息的传播者以及接收者在信息生产和传播中的平等性。但是，其中对新闻信息进行把关的"把关人"作用被削弱，导致更多虚假新闻信息出现在微信公众号中，进而导致新闻媒体本身权威性不断降低。

（2）信息碎片化，浅阅读严重

首先，当前微信公众号中信息碎片化现象十分常见。在日常生活中，人们会通过智能手机等电子设备进行新闻信息阅读，而这样的阅读大部分都是碎片化阅读。相较于传统纸质书籍阅读，电子阅读具有不受时间和空间限制的优势，但是这样的阅读方式本身就存在有巨大缺陷，即通过电子阅读难以形成完整的知识体系，以及人本身所学习到的知识点会散乱分布在脑海中。同时，电子阅读往往会导致人快速遗忘学到的知识，因此，这样的阅读方式不利于人们进行系统学习。对于很多新闻媒体来说，通过微信公众号传播新闻信息也是碎片化式的传播，如在不同文章中截取一部分内容，对其进行拼接之后就进行报道，大大影响了新闻信息的质量。其次，碎片化阅读的影响，易导致用户对新闻信息的阅读往往是浅阅读，进而导致新闻媒体在进行新闻报道时不会进行深入报道，以适应碎片化阅读。

（3）微信公众号功能受限

微信公众号存在三种类型，即订阅号、服务号以及企业号。其中，订阅号是很多传统新闻媒体选择最多的类型，但是订阅号本身会受到信息推送次数以及功能方面的限制，导致新闻信息传播效果不佳。用户手机不会收到订阅号所发出信息的提醒，这就导致新闻媒体的信息推送难以吸引用户的注意。因此，尽管很多新闻媒体的微信公众号有很多用户订阅，但是整体阅读率较低，进而导致新闻信息传播效果不佳。另外，微信公众号在诞生初期由于没有次数限制，为新闻媒体的信息传播提供了极大便捷。但是由于微信公众号数量的增多，大量新闻信息被滥用，这为用户带来了巨大影响。因此，微信公众号在2014年限制了信息推送次数。而这样的次数限制直接导致了很多新闻媒体的微信公众号文章数量不断减少，这样的限制明显限制了新闻传播效果。

（4）采编问题较多

在新媒体微信公众号运营中，存在有两个方面的问题：一是当前很多新闻媒体在微信公众号运营过程中采编人员之间互动较少，甚至在一些情况下，采编人员会各自为政，相互不进行干预。这一点在很多传统媒体微信公众号运营中十分常见，如一些传统媒体本身的优势在微信公众号中没有被发挥出来，影响了新闻信息的传播。这样的运营模式不仅导致人力和物力等方面成本的上升，还导致新闻资源浪费更加严重。二是当前很多新闻媒体在微信公众号运营过程中会将各个部分混在一起，这样的方式尽管可以促使新闻资源实现共享，但是不遵守微信公众号传播中的客观规律会对新闻信息传播效果产生直接影响。除此之外，很多新闻媒体中的采编人员本身不能够熟练使用各种信息技术，进而导致新闻媒体的微信公众号发展受到限制。

4.新闻传播应用微信公众号的具体策略

（1）优化新闻内容，完善渠道关系

对于微信公众号中的新闻信息传播来说，内容是最重要的，因此，需要优化新闻内容，以提升新闻传播效果。首先，要摒弃传统运营方式，创新新闻内容，凸显自身内容特色。尤其对于传统媒体来说，相较于其他新兴媒体而言，有着更为强大的团队支撑，因此，在微信公众号应用中可以通过内容原创性增强自身竞争力。其次，可以充分结合微信公众号新闻信息传播规律，对新闻内容进行把控，选择更加适合微信公众号用户需求的内容进行传播，这样不仅可以发挥出微信公众号本身的优势，还能够拓展自身的新闻覆盖面。在微信公众号中，关系主要建立在社交基础上，但并不局限在这一方面。因此，在应用微信公众号过程中，可以利用微信公众号形成讨论区等为用户建立更多关系平台，完善渠道关系。

（2）选择热点内容跟踪推送

通过微信公众号进行新闻信息传播具有更为突出的时效性，同时具有不受到时间和空间限制的优势。但是在选择微信公众号进行新闻传播过程中，首先需要考虑的是对题材的选择。如果选择了合适的题材，就可以在短时间内积累大量用户。如果选择的题材不合适，不仅不能吸引新用户，还会导致老用户流失。所以，在对新闻题材进行选择的过程中，需要充分结合用户实际情况进行选择。从目前实际情况来看，微信公众号用户主要为年轻人，而年轻人的特点为对娱乐、猎奇等新闻内容更加关注，所以内容推送是需要以娱乐内容、热点事件以及和用户本身关系较为密切的内容为主。同时，在此基础上还需要及时为用户推送新闻事件的后续动态或是进展，比如人们关心的房价问题，可以充分结合我国房价的涨跌情况为用户推送最新消息。

（3）使用网络用语编辑新闻

随着微信公众号的发展，使用微信公众号的群体逐渐低龄化，很多青少年都在使用微信公众号。因此，新闻媒体的工作人员在新闻信息的编辑中，不仅要促使新闻信息和时代相适应，还需要使用青少年喜欢或是习惯的语言进行编辑。从目前实际情况来看，网络用语在青少年群体中十分流行，是这一群体常用的语言。因此，新闻媒体工作人员在进行新闻信息编辑的过程中，需要在保障新闻信息真实和准确的基础上，使用网络用语对新闻信息进行编辑，比如，在新闻信息中融入各种网络流行词汇等，这能够促使新闻信息更具有活力，也更加契合青少年群体的喜好，从而吸引更多青少年的关注。比如，比纳基工作人员可以将"布吉岛""带节奏""不吹不黑"等网络用语融入新闻信息，这可以贴近人们的生活，还可以促使新闻信息更加幽默，从而拥有更强的吸引力。

（4）打造全新编辑运营团队

当前，在很多微信公众号中，内容同质化现象严重、一手新闻信息较少。之所以会出现这样的问题，主要原因是新闻采编工作团队整体力量较弱，对微信公众号的投入较少，没有专业团队对微信公众号进行运营。因此，在应用微信公众号的过程中需要充分利用团队合作的优势，增强新闻内容创意、增强新闻吸引力。首先，新闻媒体可以对内部员工进行培训，以提升工作人员运营微信公众号的能力、使用不同新媒体工具的能力等。其次，采编人员本身也需要不断提升，要熟悉微信公众号新闻传播的特点和优势，比如，新闻媒体工作人员可以设计具有吸引力的标题吸引用户等。

微信公众号作为新媒体，更加适应当前人们的生活发展需求，因此新闻媒体需要应用微信公众号进行新闻传播。如今，虽然已经有很多新闻媒体应用了微信公众号，但是还需要对应用微信公众号的价值进行探索，并且找到其中存在的问题，再通过有效策略增强新闻传播对微信公众号的应用，促进新闻传播的发展和进步。

（三）微信新闻传播对受众的影响

微信是当下流行的一种信息交流方式，受到人们越来越广泛的关注。微信在传播新闻的过程中，不仅对受众会产生积极影响，同时还会产生消极影响。研究与分析微信的新闻传播，纠正大众对微信新闻传播影响的错误认识、引导大众养成正确的接受态度、正确对待微信新闻传播，这在当下十分具有现实意义。

1. 微信新闻传播的分析

微信是一个具有很强发展势头的新媒体，使用智能手机的用户大都首选微信作为接收新闻信息和进行社交的工具。随着微信用户的激增，微信已经发展成亚洲地区用户量最大的即时通信工具。在这一发展基础上，微信越来越成为新闻行业发展与竞争的新阵地。

当下，微信新闻信息的传播主要包括三种方式：微信朋友圈的分享、微信公众平台的新闻推送、微信好友之间的信息分享。其新闻信息传播的主要特点为：以病毒式传播方式为主、传播内容是碎片化的、用户群体越来越知识化和年轻化。

当下，微信的新闻传播同质化现象较为严重，虽然很多公众平台的定位是传播新闻事件，但是缺乏对新闻事件的深度挖掘与思考。微信平台中过多的垃圾信息浪费了用户大量的精力与时间。另外，微信平台的新闻传播是具有先天缺陷的。

2. 微信新闻传播对大众的有益影响

微信的日益发展与普及给我国的新媒体发展带来了新的契机。微信作为一个发展快速以及传播高效的社交平台，它正在新闻传播领域发挥着重要作用，其力量不可小觑。

与传统媒体不同，微信平台的新闻传播是即时性的。微信可以对各种突发新闻事件随时进行传播，使微信用户第一时间接收到新鲜事物，了解外面的世界。由于微信受众具有使用时间碎片化的特点，所以微信的新闻传播也是碎片化的。通过微信平台，我们可以随时发布新闻信息满足大众随时随地掌上阅读的需求，使微信用户可以利用有限的时间获知更多的资讯。

微信作为一个传播新闻的重要新媒体途径，它可以为传统媒体提供丰富的新闻素材，传统媒体可以根据这些新闻素材进行深度报道，从而给大众挖掘出微信信息背后更深度的内容。在微信中可以实现新闻信息的及时分享，无论是通过朋友圈分享还是一对一的私密分享，都极大地拓展了微信中的人际关系。

3. 微信新闻传播对大众的不良影响

通过微信公众号传播新闻通常会有延迟性。虽然微信与报纸相比有一定的即时性，但公众平台的新闻文章一天只能推送一次，许多微信公众号大部分都是每天汇集齐所有新闻文章之后才会推送，这就导致了微信用户接收新闻信息具有延迟性。另外，微信公众号每天推送的新闻具有数量上限，这个限制就会导致一些比较重要的新闻不得不第二天进行推送，无法满足受众获知新闻的需求。此外，在微信平台上传播的新闻在语言方面过于娱乐化，容易对受众造成误导。从专业的新闻传播角度看，电视、报纸等传播媒体的新闻传播和微信新闻传播存在很大不同，微信的新闻传播越来越亲民化与娱乐化。娱乐报道与新闻报道是有本质区别的：新闻报道必须是对真实事件的客观报道。许多新闻事件本身的新闻价值是不大的，但是媒体为了赢得受众的关注常常通过微信对新闻事件进行娱乐化报道，会使用大量的网络语言或流行用语去进行本应严肃的新闻报道。微信平台和传统媒体相比，其限制词语较少，这就给微信的娱乐化报道提供了土壤。过度的娱乐化新闻报道导致微信新闻传播具有很大的缺陷，比如新闻报道中对词语的滥用，很容易让受众对新闻事件产生误解，从而受众在了解新闻的过程中变得很被动。同时，长期过度娱乐化的微信新闻传播会拉低大众的新闻品位，新闻的真正价值会被忽视。

微信传播中存在的"标题党"现象阻碍了受众对真实信息的获取。随着微信的日益普及，大量媒体以及个人都申请了公众号，去推送各种新闻以及时事评论。竞争的日益激烈催生了新闻"标题党"这一产物，很多微信媒体开始在新闻标题上做文章，以吸引用户、获得经济利益。合理地对新闻标题进行修饰本无可厚非，但是微信中的"标题党"是对新闻标题的过度扭曲、夸大，这就阻碍了受众对真实信息的获取。微信平台中充斥着大量文不对题，具有煽动性、夸张性的标题形式，这对受众及社会来说是百害而无一利的。此种不良的新闻传播方式不仅有悖于新闻职业道德，更有损新闻的严肃性。一些标题惊人的文章在朋友圈中大肆传播，很多受众其实都没有打开文章进行阅读就随手分享到了朋友圈，这就扩大了许多虚假信息、煽动性新闻的传播。

4.如何正确看待微信新闻传播对大众产生的影响

在智能手机普及的网络时代，每个人都可以成为新闻信息的发布者、接收者、传播者，每个人都可以成为新闻人。因此，每个人都应该更加关注新闻的真实性和即时性。随着微信公众平台的影响力越来越大，我们每个人都应该看到微信新闻报道对受众的影响，并正确看待这些影响。首先，对于微信新闻传播的积极影响我们是要肯定的，因为微信平台的新闻传播使受众可以随时随地进行阅读，大众可以更加方便、及时地获取信息。其次，对于微信新闻传播的消息影响我们不能忽视，要始终保持清醒的头脑去应对新媒体浪潮中的各种问题，不盲目跟风、学会独立而有深度地思考。对于当下的"标题党"现象要坚决抵制，对于微信中传播的新闻要仔细阅读核实，尊重事实真相，不乱传播虚假新闻，积极营造微信新闻传播的良好环境。

第二节　微博的运营与推广

一、微博运营的概念

微博运营是从微博兴起后，随着微博媒体的社交性和开放性，迅速得到了各类企业、品牌、个人的认可，成为新媒体运营的主流方式之一。

（一）微博运营的概念综述

微博运营从执行方式来讲，即以微博平台用户为潜在营销对象。企业或个体通过持续更新自己的微博内容来传播品牌信息、产品信息，或发布或参与可能引起潜在客户兴趣的话题，借由持续的内容创意和组合表现形式与用户互动，吸引关注、提升影响、塑造形象。

总结来说，微博运营大概有以下三个阶段。

1.初兴——野蛮生长

2009年伊始，国内微博平台大量涌现，整体用户规模持续增长；同时，也分支出门户类、垂直类、新闻类、电商类、社交类、独立类等微博网站。此时，国内微博也因单向关注、140字的发布限制等特点与Twitter类似，而被视作"中国的Twitter"。

初期的微博可以说是博客和 SNS 盛行后的结合产物，因为它同时提供给所有网民自由表达观点和自主关注热点的机会。用户通过微博可获取信息，可交流思想，还可组成圈子。各种新鲜猎奇的信息被微博即时、迅速地传播和扩散。微博无须用长篇大论占用用户太多注意力，而手机上网的日渐盛行更催生及加剧了网民对微博的使用热度。

此时，名人微博、草根大号的大量出现为微博用户提供了丰富多彩的娱乐八卦、社会热点、新闻信息等内容，在短时间内为微博的急剧拓展了影响力，因而也得到平台的大力扶植，开始展现其营销价值。

此阶段的微博运营，经验往往复制常规的媒介运营的方式，即使每天六条心灵鸡汤或者六条段子，都能受到消费者的喜欢和关注。微博运营的拓荒期，因为微博红利的存在，充满了想象的空间和各种的尝试。

2. 反思——定位模糊，方向不清

经过初期阶段的野蛮成长，微博平台信息超载、垃圾内容泛滥、不实谣言散播等现象进一步显现，给用户造成"越来越水""太无聊"等负面印象。从而催生了"水军""僵尸粉"等表面热闹、内里虚无的网络营销角色，垃圾营销内容开始在微博上露头，越来越多的"假、大、空"账号和内容占据用户有限的注意力，导致微博在用户心目中的热度和新鲜度日渐受损。

另一方面，由于此类 SNS 平台具备的高潜力商业前景和高黏性、高辐射力的用户价值对微博平台造成致命吸引。加上微信在此时逐渐兴起，给微博带来猛烈冲击，而此时的微博呈现出内容杂烩无营养、功能扩展无章法的乱象。是媒体？是 SNS？用户大量流失不可避免。

红利丧失，用户流失，关注下降，导致此阶段的运营毫无章法，各种在红利阶段有效的方式方法也逐步失去效果。微博运营此时受到了极大的挑战。

3. 复兴——内容复兴、社交进化

与其用"复兴"，不如以"步入正常发展轨迹"来形容经历"被用户遗忘"时期的微博更准确，此时的微博更专注于打造公众意见载体，将"聚合'新闻 + 兴趣话题'的媒体平台"作为发展方向。一方面在功能上聚焦客户端优化及完善，提升版面、阅读、分享体验；另一方面在延续微博低门槛、低成本的信息表达和获取特点的基础上，着重持续、稳定地输出新鲜、优质内容。

此时，微博的社交属性也更偏向于为其媒体平台的属性服务，以优质内容生产者为聚合原点，吸引感兴趣的用户持续互动。在攫取新用户流量的同时，又可增强兴趣用户的黏性、提升用户留存度。此时，微博"社交类媒体"的平台定位更清晰，以内容输出为核心，以兴趣社交为导向，回归新闻客户端领先队列。

而此时的微博运营真正地回归到以主体、用户、内容为核心的新阶段，真正地在创造新媒体运营的价值。现在我们所讨论的微博运营都是以此阶段为重点研究对象。

（二）微博运营的目的

微博以庞大的用户基础及扁、平、快的传播特点为市场营销带来新的力量，同时也在营销活动中扮演多个重要角色，发挥出"多维立体式"的作用。这些作用能帮助企业或者个体实现什么目的呢？

1. 品牌或产品的官方发声平台

官方自建、自主运营的品牌或产品官方微博是企业或组织与用户最直接的沟通渠道，不仅可以灵活、有效、自主地发布与营销相关的内容，更可根据与关注用户的实时互动反馈进行调整及优化，以保障发布内容符合品牌或产品整体营销调性。

2. 内容发起者

与个人微博自由随意、较无目的的表达所不同的是：有营销目的的微博更依赖与营销主体相关的内容创造，微博可作为承载内容及创意的发起源头，凭借其简洁高效的传播特点点对点地向用户完整传达营销内容。

3. 公关价值事件的创造者

通过参与微博内容的创造及传播，结合关注用户的话题走向和热点聚焦趋势，发掘或创造社会话题或新闻事件中与营销主体关联的公关价值，从而形成营销热点讨论。同时，为了避免与营销主体相关的负面内容的即时扩散，微博也可在营销体系中担任公关舆情监测的角色。

总体来讲，微博是口碑裂变的核心引擎，是热点的 PR 价值创造者，还是承载品牌或产品官方创意内容的权威而又贴近用户的发声平台。

（三）微博运营的作用

作为一个发声平台，微博运营又具备什么样的作用呢？

1. 吸引客群

微博运营的最终价值可以说体现在关注用户的价值上。通过互动性、话题参与度等指标来判断营销内容是否吸引到了真正的潜在目标客群，而并非仅吸引来一堆"眼球"。吸引客群、维护粉丝，自然就能达成企业或者个人的传播和营销目的。

2. 曝光推广

通过简洁、精练的官方内容发布、展示品牌最新动向、产品卖点、营销活动等信息，并通过微博扁、平、快的传播迅速提升曝光，强化认知。因为微博的快速传播性和裂变性，微博运营能快速地实现信息的曝光和传递。

3. 价值传递

通过微博，企业可以强化品牌个性、传递价值、渗透文化，让用户最直接地感受品牌内涵。微博传递的不仅仅是广告信息，更多的是以内容为核心的信息。以内容为载体就非常容易传递价值。

4. 口碑监测

通过用户关注热点及互动趋势获知口碑变化情况，并可借助平台提供的数据监测工具建立预警、监测、危机处理的反馈机制，为口碑营销提供基础。

二、微博运营的核心要素

微博运营的重要性和复杂性是并存的。在遵循营销和传播的基本原则和方法论基础上，如何最大化运用微博所具备的扁、平、快的特点，将最直击目标客群兴趣点的内容用最合适的呈现方式、传播节奏以及最有效的渠道组合精准传达，真正做到将最合适的内容传达给最合适的用户。将效果最大化，对企业品牌或产品的微博运营来说，是值得深入研究和持续优化的。

（一）从关系经济到粉丝经济

微博可以被认定为是一种社交媒体，社交媒体运营的核心是与目标消费者建立社交关系。如果单纯以社交关系来界定微博的运营要素，其实并没有错，只是还不够准确。特别是在社交媒体发达的今天，要把握住微博运营的核心，我们需要用一个更加精准的名称"粉丝经济"，不仅是让消费者变成粉丝，而且是在微博上建立真正的粉丝关系。

大多数人都知道百事可乐和可口可乐，但有相当一部分人都会在便利店购物时执着地选择其中一个品牌，执着地认为某一种更好喝；城市里现在随处可见肯德基和麦当劳，但同样有无数人会在有选择余地的情况下执着地只去其中一家就餐。大家知道是因为品牌提供给了人们关注和体验的机会，执着地选择某个品牌，无疑就是粉丝了，而忠实的粉丝就是品牌最有价值的消费者。

此处我们讨论的粉丝，并非单纯局限于"追星族"，而是涵盖因某个热门话题、新闻热点、兴趣爱好等而积极表达观点、持续互动的人群。当这个人群的数量足够大、互动足够深入时，将不止在网络上产生巨大影响，更可以辐射至线下。对于实施微博运营的企业来说，这意味着粉丝们不仅可以在线上心心念念地进行关注、评论、转发、送上热门话题，更可以将自身拥有的行动力和购买力在线下进行"折现"。

将冰冷的关注转化为有温度的粉丝是需要在微博运营中持续关注的焦点。此处需要特别关注的是，粉丝对于品牌或产品的拥护除了对其本身的硬性实力的认可之外，更重要的是需要意识到粉丝们给予了品牌或产品情感上的投入，在任何关系中的投入都需要获得回报才能使关系长久。这对于企业的微博运营来讲，就需要塑造有温度、有情感、有思想的微博形象，与粉丝进行持续的、零距离互动的价值需要被深刻认知、需与粉丝建立稳固的情感纽带。

（二）从单打独斗到整合营销

实现营销的商业化、利润化是企业的终极目标，而在使用微博平台来进行营销的过程中，做好平台提供的基础设置，通过内容发起、转发、评论等互动行为收获一定数量的粉丝，就是实现营销目标了？当然不够，在这个过程中，系统化的整合运营思路才是微博运营的王道。

一方面，检视和明确品牌传播调性、产品特点、目标客群的画像等在整体客户营销体系中的关键要素；另一方面，结合微博平台本身特点、用户习惯、热点内容变化趋势，明确自身运营的个性化特色、内容风格、发布节奏等。

简单来说，即在已明确品牌或产品自身的特点、目标客群是谁、这群人在微博上如何分布的基础上。再明确自身微博的类型（如是杜蕾斯一类的品牌宣传型，是小野妹子学吐槽一类的段子手型，还是微软小冰一类的互动唠嗑型？）、想通过微博干什么（曝光新品上市视频，结合当天热点八卦"自黑"一下，发起一个劲爆话题让粉丝聊天互动，还是给用户进行集中答疑？）、想通过微博达成什么目标（存量用户的促活，获取新粉丝，直接促进购买？）。

首先，必须基于微博运营的整体环节来考虑，而不是简单地就内容说内容，就话题说话题，把微博运营的各个环节割裂。必须从整体来考量微博运营的系统工程，从而才能形成坚实的地基，让微博运营的效果水到渠成。

其次，自身微博的运营不可单兵作战，需要与企业整体的客户营销体系一脉相承，过度放大或单纯忽略微博的营销作用都不可取，而是要将其理解为整体营销体系的辅助手段，在传播节奏和发声角色方面制订系统计划。当企业一旦开始实施微博运营，就需要持续地运营，不可半途而废，有一搭没一搭的运营只会让既有粉丝快速流失且挽回成本高。同时，还可能引起对品牌有期待的潜在粉丝不满，对品牌形象造成不利影响。

在进行微博运营的同时，不能就微博运营而微博运营，而应该结合企业自身的优势、品牌的特点、产品的规划、营销的设置而综合考虑。让微博运营成为营销中的一个环节，同时，让整合营销带给微博运营更多的优势。这样才能真正地做好微博运营工作。

（三）从追求热点到量化检测

微博运营的一个重要指标一定是用户和粉丝的关注度，只有抓住用户的关注度，我们运营的微博才有存在的基本价值。所以，追热点、贴热点成为微博运营的一个非常重要的动作。

随着信息爆炸，每一个消费者每天都会接收大量的信息，而我们在运营微博的过程中，资源和精力毕竟是有限的。要想让有限的资源释放到无限的信息中，还能引发消费者的关注度，追热点和贴热点肯定是一种捷径。每当社会有热点事件发生，我们就会很容易地看到各种企业的微博不断地刷屏来跟进和呼应这个热点。在早期内容泛滥的时期，甚至有许多运营主体，不顾版权和法律的要求来贴近热点，希望抓住眼球。这样的追求热点真的能达成我们期望的目的吗？

如果从更加客观的角度来看，追求热点肯定比创造热点要简单、追求热点肯定比完全自说自话要吸引眼球。但如果毫无意义地追求热点，肯定达不成传播的目标和要求。

　　一方面，追求热点作为早期拓荒时期的运营黄金法则，如今已经逐步失效，其原因在于越来越多的运营主体都来追求热点。追求热点的目的是从非热点中脱颖而出，人人都追求的热点，自然就没有了热点，也就无法脱颖而出了。

　　另一方面，不是所有的热点都适合去追。我们发现，诸多的微博号不管不顾，任何热点都去贴。如，明星结婚要贴热点，明星离婚也要去贴热点，甚至明星生个孩子也会去贴热点。这样的贴法，先不说所谓的热点是否真热，而在于这样贴，所产生的内容对我们自身微博的建设意义又在哪里？如果不能贴近我们的目标、用户以及自身的品牌性格和调性，这样的热点不贴也罢。

　　所以，我们需要有更加量化的检测方法来进一步补充我们抓取热点的方法。

　　第一，我们需要做最基本的评估：热点到底热不热、热点到底好不好。通过现在很多的运营工具或者微博工具，我们能很简单地对所谓的热点进行第一个维度的评估。微博毕竟有社交的属性，容易形成圈子效应。一个段子或者一个事件，在这个圈子里面火，并不代表在全国都火；一个内容或者一个视频，在一线城市流传，并不代表在我们的目标用户中流传。我们只有对热点做好基本的评估，才能有选择的第一个条件。

　　第二，我们需要做最基础的评估：热点到底对不对，热点到底要不要。这种基础的评估体系的打造就需要企业自身建立各种权重和指标。一般而言，都会有以下几个维度：①与品牌的调性是否匹配；②与微博用户的价值是否吻合；③该热点的争议平衡度；④该热点的贴合切入点；⑤该热点的后续传播性等。只有吻合我们自身运营目标和要求的热点，我们才能考虑贴不贴、怎么贴。

　　所以，量化检测不仅仅是效率的检验方法，也是对内容评估的重要手段。有效地使用量化检测的方法，不仅仅能帮助我们利用好热点，更重要的是，去选择内容、制作内容、创造内容。

　　不管是常规的内容生产，还是贴热点，甚至是创造热点，我们都需要用更加科学的思维，采用大数据的方法来进行更加系统的思考，不能在微博运营的各种手段上迷失。

（四）从纯自媒体到媒介组合

微博是重要的社会化平台，微博运营也是目前特别重要的新媒体运营的方式之一。但一提到微博运营，大家的注意力往往会过于集中到"运营"窄小的概念，而会忽略微博的其他属性以及"运营"更广义的概念。

比如，大家在微博运营中往往最重视的就是内容生产，一定要有更高质量的段子、更精美的图片、更有影响力的视频等，最多加上 KOL 等辅助手段，很多运营主体的思维和意识一直停留在这个层面。

那么我们就需要从这两个概念上重新理解。

1. 微博的平台属性

微博确实是社会化运营的重要阵地，做好社会化运营，需要从内容上进一步加强。微博同时也是一个强大的媒体平台，即除了运营主体的微博能发声产生极大的社交裂变外，微博作为一家有影响力的媒体，本身就具备极大的能量。所以，用好微博本身能帮助我们把微博的运营做得更好。

首先，微博的各种常规广告的使用配合内容的传播，就能进一步提升效率。

其次，微博作为媒体方还能有一系列的市场传播活动，比如微博之夜、微博红包。参与此类的活动，借助微博本身的影响力，能够把我们的微博运营更进一步地推进。比如，伊利舒化奶就曾经参与过微博世界杯活动，伊利舒化奶和世界杯足球赛各种流行元素相结合，并在新浪微博世界杯活动官网上广泛曝光，从而使伊利和世界杯的相关博文达到千万条。同时，选取粉丝数多的用户成为活动中的球迷领袖，这些用户参与的不仅仅是微博官方活动，也是舒化奶的活动。从而通过这些球迷领袖的粉丝，又使活动得到了更多的扩散。这样的方式就是充分地利用了微博的媒体属性，借助媒体平台的力量把微博运营做得更好。

最后，微博作为一个互联网平台，在挖掘数据、使用数据方面也具备先天的优势。我们需要使用好微博提供的各种工具，比如微博指数等，帮助我们在运营的过程中做决策分析。

2. 广度的运营

微博是一个开放的平台，不是一个封闭的平台。微博是一个发声的平台，也是一个聚集和落地用户活动的平台。那么，在微博运营过程中，我们自然要用好微博平台的特点，但是从来没有人反对过，多平台组合最终促进微博运营达成最佳效果。比如，我们要推广一支具备社会化气息的企业产品视频，虽然有各类视频大号能够协助推广，但是，为什么我们不能组合视频网站一起来进行推广运营呢？毕竟，在视频推广中，视频媒体的能力是不可小觑的。将视频网站的能量聚合起来，最终全部落到微博活动上，能让整体的运营效益发挥到最大。如果孤立地在微博上做微博的推广，在视频网站做视频网站的推广，我们的能量不仅没有最大化地聚合，而且消费者在感知品牌内涵、认知产品的过程中，容易出现信息断层、接收不全面的情况。

微博是重要的自媒体平台，运营好微博能够实现非常大的传播意义和价值，但不能因为自媒体而孤立地看待微博运营。更全面地看待微博以及更宏观地看待运营，都能把微博运营推向更好的发展阶段。

三、微博运营的方法

微博运营作为非常重要的新媒体运营环节之一，自然有很多的运营方法出现。市面上有着各种大号运营方法、微博运营法则等。这些方法和法则，在微博运营的不同阶段，在不同微博运营的状况下，有一些确实能起到一定的作用。综合这些方法和方式，从更加系统和全面的角度来看，微博运营其实需要从三个角度来重点打造。

（一）定位——微博性格化，定位精准，打透圈层

建设好一个微博和建设好一个品牌从某种意义上说是类似的。所以做微博运营，第一步就是定位。微博需要性格化和人格化，如果定位不清，不仅仅很难打造持续的内容以及清晰地传达所需要传播的内容，也很难吸引粉丝关注。让粉丝对微博形成持续的关注和印记、明确定位、知道做微博的目的、明确做什么样的微博，以及建立什么样的风格是关键。

做好定位是为微博性格化服务的，定位的精准与否有两个非常重要的影响。

首先，这个定位是否清晰、明确、符合我们的要求，如果不是，对我们粉丝的积累等各个方面都会产生非常大的不利影响。

其次，定位后我们的构架、内容、活动等后续所有的搭建都需要围绕定位而生成，定位是检验内容的重要标准。只有清晰明确的定位，才能帮助我们有效地梳理后续运营过程中的所有环节。

精准的定位能成为指导后续运营的指导方针。只有精准的定位才能产出优质而匹配的内容、只有匹配的内容才能吸引目标用户。社会化媒体很重要的功能就是打透圈层，吸引特定的目标用户。同时，用户会被内容吸引而成为不同的以内容、兴趣为导向的不同圈层。在去中心化的时代，消费者不再聚集某些传统的中心，比如媒体，再如平台，而是会更加聚集在内容和兴趣的周围，形成更多新的中心。

要建立自身的微博定位，打造出自身微博的性格，一般会从以下三个角度出发。

1. 微博号建设的核心目的

微博到底是用来做什么的？出于不同的目的建立的微博是完全不同的，而且整个性格体系也是不同的。如果微博号是以服务和答疑为主，那么就需要真诚。如果微博号是以传递知识为主，那么就需要专业。如果微博是以促销为主，那么就需要热情。以不同的目的建立不同的风格能帮助微博运营更加匹配目标用户的喜好，从而更好地做微博运营。

2. 企业和品牌本身的印记

虽然微博的性格是可以打造的，但是也不建议打造"空中楼阁"，建立一个微博的定位及性格，需要从企业和品牌本身的角度出发。如果品牌本身是充满科技范的企业，那么微博运营成一个心灵鸡汤的段子手肯定不合适；如果企业本身是亲民性质的快消企业，那么微博是一种讲究调性和品位的风格，肯定也不合适。确定企业和品牌本身的印记，并将这种印记在社会化风格下进行延续、强化、升级，一定是最合适的方法。

3. 主流的行业风格与竞品的定位

在微博运营的过程中，一方面是吸引自身的粉丝；另一方面一定是抢夺竞品和行业的粉丝。同时，既然是定位，即要么符合行业主流的方向，要么就是与行业方向不同，能脱颖而出。如果整个快消行业的微博风格都是轻松愉快，充满了"萌趣"，这个时候自身的定位若过于"萌趣"可能不会让消费者留下印记，如果完全违背"萌趣"，那么消费者是否一定能接受？这就需要研究和决策过程中的智慧了。

移动化时代的到来，让消费者的注意力更加碎片；同时，打破了传统媒体的以往聚集能力。要想形成新的注意力和重新聚集新的圈层，就需要更加具备指向性的内容。微博的定位，归根到底是内容和运营的定位。只有清晰定位，才能从根本上确保消费者能否重新聚集。

（二）经营——微博内容化，日积月累，精耕细作

微博的运营是一个长期积累的过程。一方面积累信息，在积累更多价值观正确的信息的同时进行信息的输出，持续地对我们的用户形成影响；另一方面积累粉丝，积累更多价值观一致的粉丝，从而影响用户、打透圈层。那么，内容是形成这两种影响的最关键环节。内容是表达信息、传递价值观、承载信息的载体；内容也是吸引粉丝、积累粉丝的关键要素。只有对内容进行深度经营，做到微博内容化，才能达成我们微博运营的目标。

在内容的运营上，许多运营的主体最容易犯的错误是自说自话，完全讲自己，把微博当作企业的内刊；或者走向另外一个极端，完全以用户为导向，用户喜欢什么说什么，用户讨论什么自己讨论什么，又完全地失去自我。这两种极端都不建议出现。那么，到底应该如何规划和运营内容呢？

1. 内容的构架规划

内容应该遵循的核心要素是定位，即在符合定位的前提下，需要对内容的整体构架做全面的规划。一般而言，会从三个角度来做构架的规划。

（1）企业（组织或者个人，以下统称为企业）角度

微博号是企业的微博号，是企业作为主体传播内容和吸引粉丝的平台，因此首先就应该从企业本身的角度来做规划。一般情况下，会从品牌层面、产品层面、营销节点层面来做内容的规划。

从品牌的层面，品牌需要传播什么内涵、品牌有什么重大的节点、品牌有什么内容需要强化？

从产品的层面，产品有什么功能卖点、产品有什么重要销售渠道和活动、产品有什么升级换代信息？

从营销节点层面，营销有什么重要促销时间点、营销有什么重大促销事件、营销有什么重要活动？

考虑以上三个层面，按照事件的顺序来铺排，做成一张完整的时间和事件的规划表，并按照月度，针对每一个重要的节点再进行下一步的细化规划。用这样的方法，既能统一地看到整体的节奏和安排，从而检验是否符合整体的定位，又能非常清晰地看到每一个关键点，保障在每一个传播的节点

上，考虑企业的方方面面。

（2）用户角度

微博运营的核心目标之一就是吸引用户。我们需要时刻关注目标用户在互联网上的一切动向和潮流趋势。因此，在微博运营精耕内容的时候，需要紧密贴近用户，才能生产出用户喜欢的内容。

贴近用户、从用户角度出发，不仅仅是一个口号，更应该落在实处。从做微博运营的框架及时间形成上说，第一步就应该关注用户所关注的时间节点，即用户关注的节日，如情人节、圣诞节等。以时间节点为核心，在用户最关注的时刻规划进去我们的内容，这样与第一个角度配合就能形成更好的传播构架。

但仅仅是规划一下时间还不够，更重要的是，我们需要洞察到用户在这个时间点的真实想法，并且连接到企业的角度。比如，以中秋节为例，我们首先应该规划到这个时间节点，但在中秋节来临的时刻，我们去单纯地讲述我们的产品故事，肯定没有用户愿意听，我们单纯地祝福大家中秋节快乐，肯定也不行。这个时候就需要我们去做更深入的洞察，将企业的角度和用户的角度，通过内容的构架和对消费者真实想法的洞察进行连接。对于年轻消费者而言，中秋节是什么？只是一个月饼节吗？每年千篇一律地过月饼节，吃个传统月饼是不是特别没有新意？如果我们能发现消费者的痛点，在中秋节不仅仅让消费者吃个月饼，更多的是让消费者来"玩"月饼，比如加入AR、VR等元素，让这个中秋节过得不一样，是不是更能打破常规的形式、更容易打动消费者的内心呢？在"玩"的过程中，植入运营的企业信息和品牌信息，这样的点评、赞和用户之间的转发，是不是就会更多呢？

（3）社会角度

我们在社会化媒体上运营，希望能够吸引更多的社会化用户。如果不能随时抓住社会的舆论、社会的潮流，我们生产的内容肯定不能打动消费者。

和前面两个角度类似：一方面，我们需要提前规划出社会的常规节点，比如，国庆节、两会等跟国计民生相关的大节点，并且这些节点也要与企业本身吻合。

另一方面，与前面两个角度不一样。从企业的角度和用户的角度，我们一般都能把时间节点拉得很长，至少能做半年的规划。社会化角度半年的规划需要做，但更需要做的是实时地调整计划，通俗来说，就是追热点。

在日常，我们需要保持更快的反应速度和创意写作的能力，与实时热点相匹配，生产出符合企业利益、满足消费者喜好的内容。需要把长期的规划和短期的计划相结合，才能真正实现从社会角度来做内容的构架规划。

2. 内容的实施手段

做好基本的构架规划后，就应该在这样的规划下，丰满我们日常的内容。一般来说，在内容的实施过程中，有两个重点需要注意。

（1）内容实施的频率和节奏管控

在实施内容的过程中，发布的频率和节奏的管控非常重要。社会化媒体有一个很重要的特性，就是免费。既然免费，很多人认为那就多发一些内容吧，结果事与愿违，大量的内容产出，不仅让内容运营方辛苦不堪，而且让用户负担很大，最后内容质量下降，而且不停地骚扰用户之后，导致大量掉粉。

那么应该如何保持频率呢？一般来说，肯定要有持续性，在没有重大变故的前提下一定不能断更，每天都应该有发布。同时，每天发布的内容在没有重大节点（新品发布会直播过程中，可以略微多发一些，但尽量也不超过10条）的前提下，尽量不超过6条。这样的节奏是目前用户比较能接受的。

发多少条需要控制，什么时候发也是有讲究的。一方面，我们要了解用户，比如微博的打开时段：一般在8—10点钟有高峰，12—14点有高峰，20—22点有高峰，如果错过高峰，那么意味着发布的内容不能让大部分的粉丝看到，内容会流失；另一方面，要根据一些情况有针对性地调整节奏。比如食品快消企业，在讲吃的内容时，就不要在13点左右发布，因为这个时段，消费者在进行午餐，或者午餐完毕，这个时候根本无法拉动消费者的欲望。反而在23点，夜深人静的时候发美食，说不定有意外的效果。

频率和节奏的管控关系到内容生产后，消费者是否能接收到，做好了能起到事半功倍的作用。

（2）内容的呈现方式和表达规范

既然是做内容的运营，那么就应该用更加匹配的呈现方式和表达种类。在考虑运营费用的同时，原则上不是表达的方式及种类越丰富效果越好，而是选用更加匹配和走心的方式才更有效果。

微博内容运营，最基础的就是 140 个字的表达，但是，单纯的汉字不仅无法吸引消费者的注意力，而且也不一定能完全地传递清晰的信息。所以第一步就是配图，形成图文。图文的搭配需要考虑相关性、原创性（或者版权）、创意性等基本法则，其中原创性是最容易忽视的原则。所以，在搭配图文的过程中，既要更好地表达，又要注意到版权和法律的规定。

除了图文，微博内容运营还有一些主流的形式，比如海报（纯图）、漫画、长图文（图文的升级版）、长文、视频等。在使用这些形式的过程中，一定要注意微博内容呈现方式的客观规律。一般来说，长文是具备文字和内容运营的大号使用，推出小短篇文章，或者是一个重要信息的发布。如果企业发布长文，一般互动的效果都会很差。视频也是类似，如果是电影一样长的大视频，发布在企业微博上，肯定效果不佳。现在发布视频一般都要控制在 3 分钟以内，甚至为了更广泛地传播，会把视频做成 10 秒钟的 GIF。

这些内容呈现方式和表达规范，都是在用户行为变化和微博规则变化的基础上产生的。了解和遵循这些规范，才能把合适的内容、在适合的时间，让合适的用户真正看到并感知。

3. 内容的推陈出新

既然是做内容，那么就一定要避免千篇一律，最吸引消费者的方式就是不断创新。只有创新才能产出更加优质的内容。一般来说，出品好内容，需要遵循以下几个原则。

（1）简单原则

微博上的信息铺天盖地，要想脱颖而出，必须做到极致。而在短、频、快的状态下，必须要做到简单。微博上尤其凸显"少即是多"，只有简单，才能真正地让用户在最短的时间内清晰地接收内容。

（2）逆向原则

简言之，脱颖而出就是和别人不一样。微博上随大流一定是主体，那么要创新，必须在适当的时机来推动逆向思考。来点儿不一样的、来点儿与其他内容不同的，才能抓眼球，抓注意力。

（3）开放原则

在生产内容的过程中，需要更加开放的心态、更加开放的思维和更加开放的方式。微博运营和 PR 不同，PR 的运营过程中要求声音一致，不能有一点负面。但是在社会化运营的过程中，如果没有任何负面的声音意味着没有矛盾，没有矛盾就不会有话题，没有话题就根本不会有影响力。只有开放，才能脑洞大开，才能不被条条框框束缚住，也才符合微博运营的法则。

（4）第一原则

微博运营因为其影响力之大和运营主体之多，一旦形成潮流，必然有大量跟随。所以，在微博运营中，需要时刻保持第一。虽然无法做到永远在创新的道路上保持第一，但我们要做到保持第一阵营、保持第一时间反应。这样才是微博内容创新的坚固基础。

微博内容的经营，既是一个日积月累的过程，也是一个精耕细作的过程。在总结方法的基础上，需要不断优化，才能让我们的内容不断进化。这就需要从构架、形式、创新等多维度不断完善，最后才能产生更好的内容。

（三）互动微博粉丝化，数据导向，有效管理

在做好准确定位、经营内容后，第三个关键环节就是互动了。微博运营的目标一定不是让我们的粉丝光看不说，光说不做，而是期望我们能和粉丝建立真正的社交关系，那么互动就是尤为重要的一个环节。甚至在某种意义上，微博运营有"互动大于内容"的说法，就是因为互动很多时候能够简单、直接、快速地增加粉丝、获得好感、扩大影响。

微博如果单纯从功能上而言，互动无非就是"加粉""转发""评论""赞""私信"等几种方式，但是为了让微博号和粉丝之间产生这一系列的行为，却是有很多种方法。

我们既可以通过微博的沟通来互动，我们也可以通过具备强大号召力的内容来互动，但互动的基本方法是活动。活动是目前与粉丝互动的主流方式之一，也是效率较高的方式之一。我们不排除有的微博运营能和大量的粉丝进行一对一沟通交流，解决每一个粉丝的问题，吸引每一个粉丝的关注度和培养每一个粉丝的忠实度。但这样的方法效率较低，比较适合小范围内的个人微博的运营。一旦涉及企业或者组织大号的运营，我们就需要用更加科学有效的方法。

表面上看，一般有以下四种活动方式可以举行。

1. 回复型活动

就是最基本的通过回复来获得奖品的活动方式。比如，在微博上发起

抢楼、点赞，然后即可以参与抽奖。这种活动方式简单直接，能迅速带来人气和粉丝。但缺点是门槛太低，导致用户与企业之间的沟通不强，过于简单粗暴地聚集人气。

2. 参与型活动

就是通过简单互动获得奖品的活动方式。这种方式也是以获得奖品为目的，但是参与门槛比第一种高。比如，在微博上发起竞猜时间、竞猜价格等方式的活动，用户与品牌之间虽然也有了互动，消费者在参与活动的过程中至少会思考与品牌相关内容，但大量用户是活动粉，即有活动就活跃、无活动则不活跃。

3. UGC 型活动

通过创造一定的内容来参与活动。用户需要对活动和品牌进行一定深度的思考，才能有效参与。比如，在微博上发起征名、晒照等活动，这种活动在举办的过程中，用户能产生大量的 UGC，这些内容如果运营得当就能够得到大量的二次传播。从传播的角度而言，UGC 型活动影响力会变大，但有了一定的门槛后，参与的广度会受到影响。

4. 组合型活动

通过整合营销的设计，让用户通过特定方式来参与活动。活动往往会跨平台，将多种方式进行组合，或者活动的某个环节是落地在微博上进行。这种活动往往需要有大量的资源投入整合传播中，并且对企业的知名度以及微博本身的粉丝量有要求。比如，晒单抽奖，这种方式虽然看上去是第二种活动，但前提是用户参与了线上或者线下的促销活动，才有晒单的可能性。这种活动门槛最高，参与人数最少，但是对粉丝的精准传播最好。

在实际的运营过程中，如果想达成理想的互动效果，一方面需要组合使用各种运营方法，活动是很重要的一部分，但不管哪种活动方式都有自己的优劣势。除了活动以外，我们的日常内容、粉丝交流都是构成互动的一部分。要达成效果，既不能拍脑门，也不能唯经验论，而是需要以数据为导向，进行更加科学的互动管理。我们需要关注三个非常重要的数据：用户数据、内容数据和活动数据。

第一是用户数据，即反馈微博粉丝关注数的数据，比如每月新增多少粉丝，以及粉丝性别、地域、年龄等属性。通过粉丝用户数据，既可以看到我们基本的运营指标数量是否达成，也可以看到我们用户属性的基本质量是否达成。对用户数据的分析，关系到整个运营体系和目标的下一步决议。

第二是内容数据，即反馈内容数量和用户反馈的数据，比如，发布多少文章、曝光量、阅读量等。这些数据可以非常清晰地反映出来内容的质量如何，以及消费者对内容的反馈态度，甚至可以从另外一个角度看到粉丝的质量如何。

第三是活动数据，即反馈微博粉丝参与活动的数据，比如，活动单条微博的阅读量、曝光量等。虽然评估的维度和内容数据比较类似，但活动数据需要我们将活动微博和内容微博做对比分析，需要对简单活动和复杂活动做对比分析，从而看到活动的效率和效果。

微博运营是"兵家必争之地"，做好微博运营是现代化企业和组织的必要课题。但微博的运营不是简单地发文章、做活动，微博的运营也不是简单地找个运营团队就能解决的。微博的运营是一个体系化的过程，也是一个数据化的过程，更是一个需要随着微博的发展、用户的变化、营销和运营方式的升级而不断进步的过程。

第三节　短视频的运营与推广

短视频已经成为当前社交媒体和网络营销的重要工具。以下是短视频的运营和推广的一些策略和方法：

一、创建有价值的内容

创建有价值的内容是任何媒体或平台的关键，无论是短视频、博客、播客还是其他形式的内容。以下是一些创建有价值的内容的基本原则。

（一）了解你的受众

你需要了解你的目标受众是谁、他们对什么感兴趣、他们的需求和问题是什么等。这样你就能创建他们会关注并认为有价值的内容。

（二）提供实用的信息

许多人寻找内容是为了获得有用的信息或者解决特定的问题。这可能包括教育性内容，如指南、教程、技巧和建议，也可能包括行业新闻和趋势。

（三）创造独特的内容

试图提供一些新的观点，或者以新的方式展示信息。这一般是通过你的个人经验、研究或创新的内容格式来实现的。

（四）引起共鸣

如果你的内容能够触动人们的情感，或者和他们的经验或价值观产生共鸣，他们就更可能认为它有价值。这可能是通过讲述故事、引用引人共鸣的例子，或者讨论重要的主题来实现的。

（五）高质量的呈现

即使你的内容本身有价值，如果它的呈现方式差，人们也可能不会欣赏它。因此，你需要确保你的内容看起来专业，并且易于理解和消化。

（六）调用行动

如果你的内容能够鼓励人们采取行动，他们就更可能认为它有价值。这可能是通过提供具体的步骤，提出问题，或者鼓励讨论和分享来实现的。

但这些只是一些基本的原则，你可能需要根据你的具体情况和目标来调整你的内容创作策略。在创作内容的过程中，重要的是始终关注你的受众，以他们的需求和兴趣为导向。

二、优化视频标题和描述

视频标题和描述是视频内容被搜索和点击的关键因素。以下是一些优化视频标题和描述的建议：

（一）包含关键词

确保你的视频标题和描述中包含相关的关键词。这些关键词应该准确地反映你的视频内容，并且是人们可能会搜索的词或词组。你还可以使用关键词研究工具来找到相关的关键词。

（二）简洁明了

视频标题应该简洁而直接，清楚地告诉观众视频的主要内容。描述则可以更详细一些，提供更多关于视频内容的信息，但也应避免冗长或复杂的语句。

（三）引人入胜

视频标题应该吸引人的注意，引起人们的好奇心或兴趣。你可以使用有趣的短语、动词或问题来吸引人们的注意。

（四）避免误导

虽然吸引人的标题和描述很重要，但你应该避免使用误导性的标题或描述来吸引点击。因为这可能会导致观众的失望，降低他们对你的其他视频的兴趣。

（五）使用元数据

一些视频平台允许你添加元数据，如标签或类别，来帮助搜索引擎和观众更好地理解你的视频。你应该充分利用这些功能来优化你的视频。

（六）添加呼叫行动

在视频描述中添加呼叫行动，鼓励观众订阅你的频道、分享你的视频，或者查看你的其他视频或内容。

以上的建议可以帮助你优化视频标题和描述，使你的视频更容易被找到，也更容易吸引点击。然而，你也需要记住，最终的目标是提供有价值的内容，因为这才是让观众继续观看和回来观看更多的关键。

三、使用标签和话题

标签和话题在短视频平台（例如，YouTube、TikTok 等）上具有重要作用。因为它们有助于算法理解视频的主题和上下文，从而将视频推荐给感兴趣的观众。以下是如何有效使用标签和话题的一些建议。

（一）相关性

你的标签和话题应与你的视频内容紧密相关。不要试图通过添加无关的热门标签来吸引更多的观众，因为这可能会使你的视频被平台视为垃圾内容。

（二）多样性

使用各种类型的标签，包括一般的、特定的、以及长尾的标签，这可以使你的视频能够在不同的搜索查询和推荐列表中出现。

（三）使用热门话题和标签

如果你的视频与当前的热门话题或趋势相关，你应该使用相关的话题或标签。这样可以使你的视频更容易被关注这些话题的观众找到。

（四）数量

虽然大多数平台都允许你添加大量的标签，但这并不意味着你应该添加尽可能多的标签。你应该选择最相关的标签，并避免使用过多的重复或相似的标签。

（五）更新

如果你发现某些标签或话题不再有效，或者有新的相关话题出现，你应该更新你的标签和话题。

虽然标签和话题是提高视频曝光度的一种方式，但最重要的还是你的视频内容。即使有最好的标签和话题，如果你的内容没有价值或吸引力，观众也不会观看或分享你的视频。

四、定期发布新的视频

定期发布新的视频是保持观众关注度并吸引新观众的重要策略。以下是一些相关建议。

（一）建立发布计划

你应该建立一个可靠的发布计划，以便你的观众知道何时可以期待新的内容。这可能是每周或每月一次，取决于你的能力和观众的期望。

（二）优化发布时间

你应该了解你的观众何时最活跃，并在那个时候发布新的视频。这可能需要一些实验和数据分析，如果做得正确，它可以大大地提高你的视频的初期曝光度。

（三）维持质量

虽然定期发布新的视频很重要，但你应该确保每一个视频都有足够的质量。如果你只是为了满足发布计划而匆忙制作视频，你可能会失去你的观众。

（四）提前制作视频

为了避免最后一分钟的压力，你应该尽可能提前制作视频。这样既可以给你更多的时间来制作高质量的视频，也可以帮助你在忙碌或意外的情况下维持发布计划。

（五）与观众沟通

如果你需要改变你的发布计划或者你无法按计划发布新的视频，你应该及时与你的观众沟通。这可以帮助你维持观众的信任，并让他们知道何时可以期待新的内容。

以上的建议可以帮助你定期发布新的视频，同时维持视频的质量。然而，每个人的情况都是独一无二的，所以你可能需要根据你的具体情况和目标来调整你的策略。

五、与观众互动

与观众互动是建立和保持观众群体的关键部分。它可以增强你与观众的联系，从而使你的内容更加具有吸引力，并有助于你更好地了解和满足观众的需求。以下是一些与观众互动的建议。

（一）回应评论

你应该定期查看并回应你视频下的评论。这可以显示你关心你的观众的反馈，并且愿意与他们互动。

（二）鼓励互动

在你的视频和描述中，你可以鼓励观众留下评论、分享你的视频，或者提出问题。你也可以通过提问或开展投票来直接促使观众参与互动。

（三）使用社交媒体

除了在视频平台上与观众互动，你还可以使用社交媒体来扩大你的互动范围。这可能包括发布相关的内容参与讨论，或者直接与观众交流。

（四）展示观众

你可以在你的视频中展示观众的评论、问题或内容。这不仅可以表扬和奖励互动的观众，也可以鼓励更多的观众参与互动。

（五）建立社区

你可以努力将你的观众群体变成一个社区，其中的成员可以相互交流和支持。这可能需要更多的努力和时间，但如果做得正确，它可以大大增加你的观众的忠诚度和活跃度。

每个观众群体都是不同的，所以你可能需要根据你的观众的特性和需求来调整你的互动策略。同时，在与观众互动时，你应该始终尊重他们的观点和隐私，以维持一个积极和健康的互动环境。

六、合作推广

合作推广是一种常见的扩大影响力和增加观众关注度的策略。它涉及与其他创作者、品牌或机构进行合作，以便共同创建内容或推广活动。以下是一些关于合作推广的建议。

（一）寻找合适的合作伙伴

你的合作伙伴应该是与你的品牌、内容和观众有关联的人或机构。他们应该有相似的价值观，以及一个与你的观众重叠的观众群体。

（二）定义合作目标

在开始合作之前，你和你的合作伙伴应该清楚地定义你们的合作目标。这可能是增加观众关注度、推广某个产品或活动，或者创建新的内容。

（三）创建合作内容

你和你的合作伙伴可以共同创建一些新的内容。这可能是一个联合的视频、一个采访，或者一个挑战。这种内容应该对你们的观众有吸引力，并能够展示你们各自的品牌和优点。

（四）共享资源

你和你的合作伙伴可以共享彼此的资源，以增加你们的影响力。这可能包括共享社交媒体账户、合作进行推广活动，或者互相引用彼此的内容。

（五）衡量结果

在合作结束后，你应该衡量你的结果，看看你是否达到了你的目标。这可以帮助你了解什么类型的合作最有效，以及你在未来的合作中应该改进的地方。

合作推广应该是一个双赢的情况，你和你的合作伙伴都应该从中受益。因此，你应该尊重你的合作伙伴，公平地分享利益，并且始终保持诚实和透明。

七、运用社交媒体

社交媒体是扩大你的在线影响力和与观众互动的有效工具。以下是一些有效使用社交媒体的建议。

（一）选择合适的平台

不是所有的社交媒体平台都适合你的内容或你的观众。你应该了解各种平台的特点和观众，选择那些最能满足你的需要的平台。

（二）保持活跃

你应该定期地在社交媒体上发布新的内容、回应观众的评论以及参与相关的讨论。这可以帮助你保持与观众的联系，并提高你的在线可见度。

（三）分享你的视频

你可以在社交媒体上分享你的视频链接，以吸引更多的观众。你也可以分享一些关于你的视频的幕后故事，以增加你的内容的吸引力。

（四）互动与观众

社交媒体是一个与观众直接互动的好地方。你可以回应观众的评论、鼓励观众分享你的内容，或者直接向观众询问他们的意见和建议。

（五）建立品牌形象

你可以通过你在社交媒体上的行为和内容来建立你的品牌形象。这可能包括你的视觉设计、你的发言风格以及你选择分享和关注的内容。

（六）监控效果

大多数社交媒体平台都提供了一些工具来帮助你监控你的活动的效果，如观众的增长、观众的参与以及链接的点击。你应该定期检查这些数据，以了解你的策略是否有效，以及你需要改进的地方。

以上的建议可以帮助你更有效地使用社交媒体来推广你的内容和与观众互动。然而，你需要记住，社交媒体是一个公共的空间，你应该尊重其他人的观点和隐私、遵守社交媒体的规则，以维持一个积极和健康的在线环境。

八、使用广告推广

广告推广是一种有效的增加曝光度和吸引新观众的方法。以下是一些使用广告推广的建议。

（一）确定目标

首先，你需要确定你的广告目标。这可能是增加观众数量、提高视频观看次数，或者推广某个特定的产品或活动。

（二）选择广告平台

你应该选择一个能够达到你目标观众的广告平台。这可能是一个视频分享平台、一个社交媒体网站，或者一个搜索引擎。

（三）创建吸引人的广告

你的广告应该能够吸引人的注意，并清楚地传达你的信息。你可能需要花费一些时间和资源来创建高质量的广告内容。

（四）定向广告

你应该使用广告平台提供的工具来定向你的广告，以便它们能够达到你的目标观众。这可能涉及选择特定的地理位置、兴趣，或者搜索词。

（五）设定预算

你应该设定一个实际的广告预算，并且坚持它。大多数广告平台都允许你设置每天或每次点击的费用上限，以帮助你控制你的花费。

（六）跟踪效果

你应该使用广告平台提供的工具来跟踪你的广告效果。这样可以帮助你了解你的广告是否有效，以及你需要改进的地方。

虽然广告推广可以增加你的曝光度，但它并不能保证你会获得持久的观众或实质的参与。你应该将广告推广视为你的整体策略的一部分，而不是唯一的策略。

以上都是一些基本的短视频运营和推广的策略，你可以根据你的目标和资源选择适合你的方法。同时，你也需要持续地学习和尝试，以适应不断变化的市场和观众需求。

第四节 视频号的运营与推广

一、视频号的特点

入口位于"发现"，关注朋友圈是一个独立的系统；

内容以短视频为主，还可以发送图片；

每个人都可以创建自己的视频号码；

每人每天发布的视频/照片内容数量不限；

视频号的内容不依赖 PC 端，无论是发布还是观看都在移动端；

视频号发布内容的同时可以导入公众号链接，用于公众号引流；

用户可以选择是否喜欢/收藏，或转发给群/朋友，或选择不感兴趣；

视频可以暂停，并以黄色进度条显示。

二、视频号的算法及规则

了解微信视频号平台的算法和规则，对于一个成功的微信视频号创作者来说非常重要。

（一）微信视频号推荐算法

从陌生人到熟人。

虽然视频 ID 的目的并不是为了和抖快竞争，但与他们在同一轨道上进行比较是不可避免的。视频 ID 和抖音快手最大的区别在于推荐的分发方式。

在国内蓬勃发展，国外很少有科技巨头能与 TikTok 的算法匹敌。字节打字是陌生人社交，数据为王。快手老铁一直在社交和算法之间保持着良好的平衡，"本土文化"形成了快手特有的半熟人社区。

微信这种具有"社会血液"的视频号，有着"豆快"一出生就无法触及的强大的熟人社会关系链，这正是视频号崛起的最大优势。

目前，视频号的推荐，基本上是基于社交关系来进行推荐分发。例如，发现页面中的小红点，是"好友点赞""好友正在观看直播"等提示。当你输入视频号时，默认打开"好友"区域，"好友"也处于前四条信息流的中间位置。

我们从朋友圈和聊天中看到的视频推送纯粹是社交推荐。

在社交分发的基础上，对视频号进行算法分发的补充，不仅更好地适应了短视频轨迹的特点，而且能暗中为视频号商业化的闭环铺平了道路。但对于创作者来说，社交推荐也更有利于账号的增长和引流。当用户点赞某个视频后，系统会将该视频推荐给他的社交圈。如果他的微信好友看到后也点赞，视频会再次推荐到他的社交圈。

这种社交裂变，在某种意义上复制了公众号在朋友圈中的"刷屏"传播路径，可以无限"圈"。

理论上讲，一个视频信号是不断在各个圈子里传播的，其到达人群边缘的潜力是无限的。

运营商首先要意识到这是一个巨大的流量潜力。

从操作实践的角度看，可以充分利用社会裂变进行冷启动。创作者发布视频后，点赞、转发、评论、收藏是决定作品曝光率的关键指标。因此，很多创作者尝试了各种各样的方式来增加曝光率，比如，找朋友互相赞美、加入"互赞群"、付费推广，等等。时间一长，会发现效果不明显，存在被系统降低的风险。

创作者增加流量需要的是准确、高质量、大范围曝光。

可以做视频号，作为创作者，还是回归到它的重要流量和推荐算法。

微信不像抖音，没有用户广场，也指朋友圈和社区（微信群）。每一个作品都不给量，真的没人看，而微信视频号和朋友圈，微信群是开放的，未来肯定会开放公众号和小程序。因此，用户可以通过转发获得基本的播放量，而无须平台量。

新作品的视频号是不允许的。所有更新后的视频作品只有在达到一定的热度后才会被平台推荐，你需要转发和分享才能获得这种基本的播放。

这意味着刚开始的视频数量，即基本的播放量，是通过你的转发和分享来获取的，平台是不给播放量的。

所以视频算法和颤音机制相比，采用的算法的反面即颤音的"算法＋人工"变成了"人工＋算法"，所以运营视频的创作者不用太过担心算法。比如，公众阅读量、高质量上转发数据的数量和点赞量，是评价工作好坏的根本。

视频号的方式更符合微信用户主动获取信息的愿景，强大的作品更容易被官方流量支持看到。

（二）微信视频号审核机制

微信视频号每天都有大量的创作者发布视频，一定是设置了视频审计过滤机制，过滤了一些平台不允许的视频。目前有双审计，机器审计和人工审计。

1. 机器审核

提前建立一个人工智能模型，识别你的视频图像和关键词，用它来审查你的作品和文案是否有违规。如果视频规则可能导致作品被减少推荐、删除作品、自可见性等，严重违规将直接删除或设置自显。如果不能直接确定违规，将进行人工审核。

2. 人工审核

有违法嫌疑的作品由机器筛选出来，再由人工检查。人工审核主要集中在视频标题、视频封面、视频关键帧三个部分。如果违规被确认，将采取删除视频、宣布减权、封号等处罚措施。

三、视频号运营

了解了微信视频号的算法和规则，就可以播放微信视频号了。首先，需要准备的是注册账号和内容定位，一起去了解。

你得有一点儿基本的运营思维，才能够进入到这个领域里来。

（一）账号注册

打开微信—发现—视频号（如未发现视频号，建议将微信更新至最高版本），点击右上角小人物图标，点击"创建视频号"，填写相关信息，审批通过后即可发布作品！

需要注意的是，视频号名称不可重复，注册后不能被他人使用！

视频号基本设置：

一个微信号只能申请一个视频号码，如果是企业号，建议使用合适的微信号打开。

视频号可加入公众号文章链接，为公众号分流和未来实现电商提供想象空间。

视频号内容可转发至好友、微信群、朋友圈、收藏、点赞、评论。

视频账号也是内容创作平台，所以随时有质量，原创内容是核心。

（二）账号内容定位

什么是内容定位？是你的下一个更新方向，固定的更新方向可以让你的粉丝更垂直，记住发什么视频会让你的账号很乱粉丝很混。垂直粉丝会让你的内容更有效，更容易在以后盈利。

位置的重要性可以用两句话来说明：位置决定位置。定位错了，努力就白费了。

视频号的定位，也就是我们努力的方向。那么如何确定视频号的定位？

进入很多人的视频号主页，在介绍部分写很多，会写自己从事的工作，成绩，甚至爱好。分享的内容也是五花八门，有时分享工作收获、有时分享生活感悟、有时分享健身知识，等等。

这就导致用户进入首页不知道你的视频号的主要定位是什么，自然关注率也不会太高。例如，当我们买衣服时，第一选择是去服装店。如果有一个卖衣服、鞋子、珠宝的商店，很多人可能不会去选择它，因为有太多的类别去看，他们会觉得不专业。所以，做一个视频号和开店尽量选择一个垂直的场向。

为什么要做垂直领域的视频号呢，主要有以下几点原因。

1. 做标签

如果你专注于一个领域，那么这个领域的输出就会占主导地位。所以为了写剧本，我们需要找素材去学习，并且利用时间在这个领域，由浅到深的内容。渐渐地，你是这个领域的专家，用户也会对我们产生信任，想到这个领域，第一个就能想到你。不仅需要有高度的认知度，更重要的是要树立自己的品牌。

2. 快速成长起来

如果你同时在多个领域工作，你的大脑需要注意这两个领域的动态，以便在任何时候都保持来自这两个领域的输入。这需要很多能量，但因为没有那么多的时间来研究它，所以输出的内容不会那么深入。

我们一天的精力是有限的。当我们专注于一个领域的时候，压力就会降低，因为我们会更专注于只专注于一个领域的投入和输出，内容也会更深入。这样，连接就会更准确，也会有更大的增长空间。

3. 精准用户

当我们专注于某一领域的内容时，我们吸引的用户也在同一个领域，这有助于我们分析用户画像，且这样输出的内容会更有针对性，才能实现后续的高转型。

4. 精确的平台流

用户是精准的。平台会关注用户的画像对我们的内容做出推荐，这样对我们的视频也会打上标签，给我们发送更多更好的质量流量，把我们的内容更准确、更快地推送给目标客户，也满足了我们快速散粉的目的。

（三）封面设计

视频的第一帧。提前设计一个有标题的创意封面图片，注意图片的大小和视频的大小，然后插入视频中，拖动到第一帧，最好的时间是 1 秒。

五、视频号初期如何提升播放量？

这个问题其实就是视频号冷启动的问题，也是我们大多数新手都会面临的一个问题。其实我们从选题策划、内容的制作，到作品的发布，其实这些只是前期的准备工作，完成发布之后，还需要跟上相关的运营动作，否则很少有内容能够主动传播出圈外。视频号的推荐机制是，你喜欢就可以推荐给你的朋友，你的朋友喜欢就可以推荐给他们的朋友。因此，当我们出版我们的作品时，一定要及时推广。有哪些推广的方法呢？

（一）自己点赞，自己在朋友圈推广

这是最基本的，如果你有足够的朋友，朋友圈运营也不错，你做视频号前期的量不会太少。

1. 私人聊天微信推广

视频前期看到很多人这样做，但是不建议这样做。因为在视频中，前期它是新鲜的，可能看了一下你的内容，类似的内容但是现在太多了，如果你推荐的视频质量没有保证，会真的很混乱，甚至有些朋友会因为你频繁地发这个而屏蔽你。

2. 公众号推广

目前，视频号已经与公众号进行了互动。公众号内容页面支持直插视频号码卡，最多可插入 10 个视频号码。

3. 社区或相关视频号群

这样一来，最重要的就是先判断：真正的社区成员点赞、评论，还是机器刷？因为如果社区里的人是真实的，有自己的社交圈子、有自己的微信好友，而且视频号算法是基于社交关系链来推送的，对于我们内容的传播是非常有用的。但是如果"点赞"是通过机器模拟或者是一些批量组控制的手机来点的，那些不具有任何社会属性的微信信号，这种刷赞是为了传播我们的内容，几乎没有任何意义。

在社群推广时，我们需要注意：

寻找高质量的团体。一定要找到高质量的团队，有严格的团队规则和高活跃度。你可以去视频号找一些讲视频号操作的人，他们一般会建群，或者去知乎搜索。

内容是最重要的前提。新视频号，粉丝数量少，一定要主动做社区推广。积累一定粉丝数量后，不要去社区讨赞。如果视频号系统机制发现同一群人点赞，就可能判定该账号涉嫌刷赞。

不要去社区寻求关注。如果用户关注了视频号而没有阅读内容，算法可能会逐渐认为用户对视频号的内容不感兴趣，也可能不会向用户推荐我们的内容，而这些用户就会成为僵尸粉丝，意义不大。

六、视频号的有效涨粉方式

（一）社区及朋友圈引流

给用户一个关心的理由（精心设计的主页）。

去社区和朋友圈做推广，大概可以把社区和朋友圈对于多少人感兴趣的内容屏幕出来。

（二）公共账户排水

可以在公号标题文章的末尾为自己的视频号引流。

公众号也可以通过视频号推送（一对一、多对多）。

（三）推送视频号码以分流流量

最简单的就是直接植入到视频里。通过口播介绍这个号就好了，推荐大家关注，现在这个视频号有 @ 功能了，可以用评论区顶的功能，或者在别人的简介里做个位置互相发推。

（四）视频号热评论引流

尽量找一些和我们有相似属性的账号来留言，在热门视频的评论区抢热评论来获得曝光率，但是不要在相同类型的账户上留言。

（五）第三方平台排水

通过知乎、B 站、《今日头条》等平台，为自己的视频账号引流。

（六）直播排水

在做视频直播的时候一定要引导你转发分享的朋友圈。这样就会把一些别人的朋友圈介绍到你的直播室，然后去引导他们关注我们的视频号，这可能是未来增加粉丝的一个非常有效的方法。

第四章 大数据时代新媒体运营模式

第一节 新媒体运营策略

一、新媒体运营的六大策略

本质上讲，新媒体之争就是粉丝争夺战，新媒体将营销的目标全都指向了获取质量上乘的粉丝。对于新媒体来说，拥有了粉丝群体就等于拥有了一笔巨大的财富。那么，应该怎样对新媒体进行运营呢？这是接下来要讲的重点。

（一）打造灵魂人物

现在微博中出现了这样一种现象：很多企业的官方微博已经销声匿迹，但是这些行业里的意见领袖们的微博却开得如火如荼。之所以会出现这样的结果，"人"在其中发挥了关键性的作用。

对于粉丝来说，他们所面对的企业的官方微博是一个运营团体，而意见领袖却是一个活生生的人，粉丝可以与其进行沟通、互动，并且建立密切的联系，因此，意见领袖就是我们所说的灵魂人物。

一个人之所以能将另一个人发展成为自己的粉丝，这个人必然有自己吸引人的特质或魅力。因此，不管是微信还是微博平台，要想吸引大量的粉丝，关键是要为平台塑造一个灵魂人物，再借助灵魂人物的影响力集聚大量的粉丝。一般微信或微博平台的灵魂人物，通常是指企业的创始人，就像大家一提到阿里巴巴就会想到马云、一提到小米就会想到雷军一样。平台的灵魂人物应该积极与粉丝进行互动和交流，增强与他们的联系，从而打造更忠诚的粉丝群体。

如果公众号没有自己的特色，将很难长期地吸引粉丝。因此，打造一个灵魂人物，也是保证粉丝能够持续关注公众号的一计良策。

（二）平台思维

要想获得更多的粉丝，必须为粉丝提供优质的内容，只有对他们而言有价值并且感兴趣的东西才会受到他们的关注。以电视台为例，要想提高收视率，必须有优质的电视资源。而要想成为一个优秀的公众平台，就必须有优秀的作者提供高质量的内容，这样才能吸引粉丝。

随着时代的推进，社会已经走进了一个泛作者时代。任何一个自主创作的人都可以称为作者，作者已经失去了原先的价值，创作的各种内容也良莠不齐。因此，对于平台来说，将优质的文章和内容整理出来发布在平台上可以为读者节省大量的时间，同样也可以让真正优秀的文章体现其应有的价值。

例如，我们经常看的《读者文摘》，其中的文章就是来自各类报纸和杂志。《读者文摘》中没有原创的内容，也没有签约作者，但是同样受到了很多读者的欢迎，其主要原因就在于：它将来自大量报纸以及杂志中的优秀文章整理成册，本来读者需要读很多书才能看到的优秀内容，通过这一本就可以获得，为读者节省了大量的时间，获取了更多有用的知识。

（三）资源运作

随着粉丝数量的增多，这些粉丝都会变成平台的资源，而资源是可以变现甚至是交换的。如果平台仅仅是自己使用这些资源，那么平台所能获得的价值以及影响力就会很小；而如果平台能够将这些资源与粉丝共享，不仅可以更大程度地挖掘资源的价值，同时也可以打造粉丝与平台的利益共同体，从而有效提升平台的价值。

如果平台可以将资源分享给更多的人，那么就等于为平台赢得了更多经营以及运作的人，将平台的命运与粉丝的命运联系起来，充分调动了粉丝对平台资源利用的积极性，为平台带来更多的活力，从而有效推动平台的发展。

（四）把读者当顾客

所谓的读者，就是指阅读一篇文章或者一本书的人，在阅读完成后作者不需要与读者保持联系；而顾客就不一样了，顾客在购买了产品之后，商家仍然需要与顾客保持密切的联系，不仅是对售后的产品进行维修，还包括了解顾客对产品的体验及感受，从而及时地对产品进行改进和完善。

可以说，读者与作者是一种不需要维持的关系，而商家与顾客则是一种需要长期维持的关系。如果要发挥新媒体的变现价值，那么就应该将读者看作顾客，与其保持长期的联系，从而为平台创造长期的价值。

（五）打造多个媒体传播渠道

要想吸引和留住更多的粉丝，就需要有多个价值输出渠道，以保证新媒体能够保持鲜活的生命力。

有过新媒体运营经验的人，通常都会知道新粉丝在刚开始关注的时候活跃度一般都很高。但是随着时间的推移，部分粉丝的活跃度就会下降，要想平台能够保持更持久的活跃度就应该每天都能吸引更多新的粉丝，因此，应该为自己的平台打造更多的媒体传播渠道，为平台注入源源不断的活力。

（六）重视人脉关系链的传播

新媒体的发展颠覆了传统媒体的传播方式，人脉关系链开始发挥越来越重要的作用。在新媒体传播中，每一个粉丝都成为传播的载体，粉丝不仅是平台的观众，同时也是内容的传播者，而且只要有优质的内容，粉丝的传播能力是可以无限放大的。

如果内容能够被拥有10万粉丝的意见领袖转发分享，那么这次传播所带来的影响力就可以扩大至10倍以上。通过这种人脉关系链的传播可以将内容分享到更多的人群中，并且还不会为平台增加额外成本，既增加了粉丝数量又提高了平台的影响力。

要发挥好人脉关系链的价值就应该做好内容。因为粉丝之所以愿意对平台发布的内容进行转发分享，关键在于内容优质，因此，做好内容就成了人脉关系链传播效应的坚实基础。

随着新媒体在各个领域的渗透，未来新媒体将成为众多企业营销传播，以及获取客户的重要渠道。因此，谁能更好地运营新媒体，谁就能在未来的新媒体之争中抢占更多的优势，抓住更多有利的商机。

移动互联网的发展已经使整个商业格局发生了翻天覆地的变化。随着智能手机、平板等移动智能端设备的流行，用户的购买习惯已经发生了转变。由手机主导的时代已悄然而至，未来一切的商业活动都将以手机为核心，这就为新媒体的发展提供了更有利的时机，届时新媒体将获得更大的腾飞。

二、新媒体运营的核心本质：内容即产品

长期以来，人们能及时、全面地了解信息，不仅得益于科技的发展、传播媒介的产生；同时，还离不开媒体从业人员的努力。他们在设计报道方针、叙事角度、媒体资源分配方面都有着丰富的经验，从而让人们了解重大事件的起因、经过、结果，甚至在战争和灾难面前他们也毫不畏惧。

通常为了充实报道的内容，媒体人会花费大量的人力、物力和财力；同时，对于一些耗时较长的调查性报道，媒体人也愿意去挖掘。但是，对于媒体运营模式却很少有人愿意去探索。

传媒决策者步入的一个误区就是，企图照搬某种已经成功的媒体运营模式，期望能获得与被模仿者相同的成绩。甚至会陷入思想的泥潭，希望其他媒体先行探索，如果这种模式成功，自己便借鉴过来。这恰恰是媒体从业人员在内容上花费大量的时间和精力，而不愿意去探索新的媒体营销模式的原因所在，其最终的结果也必然是为时代所淘汰。

（一）内容即产品

随着新媒体的来势汹汹，传统媒体受到巨大冲击，人们也错误地认为内容为王的时代已经过去。很多人抛开内容转向渠道为王，并为此争论不休。渠道固然重要，但如果没有内容，渠道只能是空谈。那么在新媒体时代内容又是什么呢？

中国古语云："酒香不怕巷子深。"在当时经济发展滞缓、资源不足的现状下，这句话不无道理，但随着经济的发展、时代的进步，人们的生活越来越富裕，粮食已不是稀有物品，而用粮食酿的酒也不再是奢侈品。如果巷子过深、传播不给力，那么即使再香的酒也无法让更多的人了解到。

媒体内容同其他产品一样，如果它不能满足受众的需求、无法为其提供极致的体验，那么就会为受众所抛弃。因此，媒体从业人员要将内容当作一件产品来对待，在制作之前，考察市场的需求，使内容能契合受众的需要。同时，还要在设计、包装、营销等环节下功夫，力求使决策精准、受众广泛。

（二）内容需要包装

内容像产品一样都需要进行包装。对于商家来说，如果没有精美的包装、吸人眼球的营销手段，即使质量再好的产品也不会有人光顾。世界各国都做过类似的实验：将同样的产品，采用不同的包装，其销售额是不同的。由此

可见产品包装的重要性。

但这些实验却依旧没有引起媒体人的重视。传统媒体或者不对内容进行包装，或者即使包装，也是粗制滥造，根本没有审美可言。究其原因，无非是传统媒体的从业人员没有从思想上意识到包装的重要性。

当今时代，已是新旧媒体过渡的时代，如果不改变固有思维，认识到包装的重要性，不仅无法向受众传播内容、体现内容的价值，甚至有可能被时代淘汰。

例如，商家在向市场投放产品时，会事先做详细的市场需求调查，产品在什么季节的需求量最大、消费者喜欢什么类型的产品以及包装、当地的风俗习惯有哪些等，都是商家需要了解的信息。

同样，媒体内容既然是产品，那么它必然也涉及供需关系，而受众的需求又是什么，正是需要媒体人去挖掘的。但目前的状况是，媒体人更愿意在内容上耗费大量的精力，以致大量的媒体传播的内容都是类似的，既耗费成本又使受众厌烦。

（三）数据分析与传媒决策

既然内容是产品，那么媒体人还要考虑供求关系、成本以及利润等。为此，媒体人需要进行市场调查，了解受众的需求，传播他们想要了解的内容，这在一定程度上可以保证内容的传播量，最终能保证利润。

报纸、杂志、电视等传统媒体通过发行量、收视率和问卷调查等了解受众的需求，而在新媒体时代，这一调查方式则要简单得多。媒体可以通过技术手段获取用户的登录时间、在线时间、跳转时间以及 IP 地址等信息。然后将获取的这些信息加以分析，便可创建自己的用户画像，用以精确分析用户需求。

新媒体的发展给媒体从业者调查、访问受众提供了便捷的渠道，同时也为其提供了丰富的数据，但却很少有人愿意通过亲自分析这些数据来获取有用信息。

数据分析可以帮助传媒决策者从海量的信息中挖掘出对自身发展有用的信息，能够帮助决策者正确决策，从而作出合适的选择。在成本管理、订阅用户付费的便捷性、内容呈现的灵活性、用户画像以及使用习惯等方面，这些信息显得尤为重要。

新媒体的发展已经对传统媒体造成了巨大冲击，但在挑战面前，传媒决策者绝不能畏缩。虽然新媒体技术对其产生冲击，但同时也带来了先进的技术，媒体从业者不需要再花费巨资去通过问卷调查、购买收视率等了解受众的需求，而可以直接通过自己的网站和客户端获取数据加以分析、利用，迅速地制定策略以应对外界环境的变化。

只有将媒体内容当作产品，在其设计、包装、营销等方面投入大量的精力，满足受众的需求，才能大范围地获取受众。也只有这样的媒体才能将那些固守内容而忽视媒体营销模式的同行远远地甩在身后，成为传媒业的先行者。

三、新媒体时代，内容生产的三大趋势

与传统媒体相比，新媒体的即时性更强，也突破了时空的限制，它不仅改变了媒体的信息生产和传播方式，也使媒体行业的经营形式呈现出新的特点，进而影响到用户的消费习惯。如今的文化市场对各种数字信息内容（比如，广告传媒、影视制作等）的要求逐渐提高，这就意味着经营者需要更加重视内容生产的重要性。

既然媒介环境发生了变化，内容生产也需要与时俱进，且为了满足市场需求，内容生产者应该充分利用各种信息资源，及时更新思维，不断发掘具有潜力的信息内容，升级产品形式，拓宽业务范围。

（一）内容呈现的多终端化

移动互联网的普及推动了媒体形态的多样化发展，无论是台式计算机、笔记本，还是 iPad、智能手机、电子阅读器，抑或互联网电视都能够满足用户对海量信息的需求。除了向用户提供所需信息外，它们还新添加了其他各式各样的应用，让用户如同身处由多样化内容终端构成的信息网络中，在任何时间、任何地点都可以参与信息交互与传播。

多数传统媒体只能够满足用户进行信息浏览的需求。相比之下，各种新型终端不仅能够呈现信息内容，还能使用户成为信息传播主体，在这种情况下，内容生产将趋向平台化发展，颠覆传统的信息生产、集成及销售模式。

iPad、智能手机等移动终端的诞生，进一步拓宽了内容量。此外，内容集成不再局限于平面思维，而是呈现出平台化发展趋势。

（二）内容产品的社区化

进入新媒体时代，媒介产品的生产者致力于在用户与媒介之间形成一种新的、更加相互依赖的关系。如今，除了提供新闻内容及用户所需的各种信息之外，网络游戏、娱乐产品、社交产品等都属于新媒体内容生产的范畴，这意味着新媒体内容的生产已经过渡到内容与关系相结合的生产阶段。

用户在购买内容产品时，除了考虑该产品的实用性之外，往往还要考虑能否满足与其他用户之间的交流互动。所以在新媒体时代，社区除了能够进行产品与品牌的推广之外，还能在内容生产方面发挥作用，经营方也可以用它来整合多样化的产品。

这就要求产品研发者将社区与内容融合成一体，满足用户的多样化需求，使用户对媒介产品的依赖性逐渐提高；同时，加强与其他用户的关系。

（三）内容生产主体的多元化

在新媒体时代，受众的被动地位发生了明显改变，每个用户都可以成为传播中心，可以通过微博、微信、播客、各种各样的网络论坛和社区传播信息内容，而且这种传播不会受到时间与空间的限制。

与传统互联网时代相比，移动互联网时代下的内容生产呈现出新的特点：用户的活跃性提高，受众在接收传播者提供的内容后加以改造创新，作为新的传播主体与其他人共享信息内容。除了机构性生产之外，个体生产也成为新媒体内容生产不可或缺的一部分。

与机构性生产不同的是，每个用户都可以作为个体性生产的主体。用户在制作好信息内容后将其上传到网络平台与其他人分享。在媒介生产技术不断提高的今天，将会有越来越多的人成为个体性内容生产者，由用户自己参与制作的信息内容也将获得更多人的青睐。

四、微博对新闻传播的影响

（一）微博的传播模式与动力因素分析

1.微博的特征分析

（1）便捷性和移动性

互联网时代，不管是博客，SNS还是微博都解除了在技术方面的限制，用户可以通过连接网络，再通过简单化的操作模式达到连接微博、使用微博的目的。生产工具相比WEB2.0时代进一步简化。同时，微博时代下140字的字数限制使信息发布的内容也更加简单，人们不再局限于博客时代需要构思、收集素材、写作，使微博的操作与发布更加简单。

微博接入方式多样化，你可以通过网页、IM、手机、IPAD 等终端设备接入微博主页。尤其微博与手机等移动设备的结合，使微博具有移动性，信息的发布不再局限于电脑等不可便携的设备，手机成了可以随时随地发布信息的方便工具。

（2）草根性和低文学性

与以往媒体不同，微博在很大程度上降低了内容创作和信息发布的门槛。微博的便捷性和低文学性使人人都可以创造微博。

对于传统的媒体以及 WEB1.0 时代，媒体的传播关系单一、内容复杂，多数人仅仅是内容的消费者，传播关系是权威媒体为主导的中心化传播模式。WEB2.0 时代，网络开放、信息制作简化，人们可以自由地通过博客等网站发布自己的内容，传播方式由原先的单向传播逐渐演变成半中心化的传播模式。到了微博时代，信息制作进一步简化，开放的平台使人人都可以是"播音员"，人人都可以通过微博平台发布信息、分享观点。同时，140 字的字数限制，可以只是一句碎言碎语、一条简单的现场信息、一张图片、一条链接，呈现出低文学性特征，满足了普通百姓表达的需求与欲望。微博赋予了人的活力，任何人都可以是主角，使人们渴望去表达。传播平台的完全开放、内容的简单操作使传播方式演变成了"去中心化"的草根模式，人们在这种去中心化的传播网络中，自由地发布信息、分享观点，完成双向或多向沟通。

（3）实时性和延时性

由于终端的多样性，微博表现出实时传播和延时传播相结合的特点。实时传播意为信息的发布和接收是同步的，如手机、IM、电视、广播等；而延时传播则是信息的发送和接收不具有同步性，信息的接收往往迟于信息的发送，比如电子邮件、报纸杂志等。

微博由于与手机等移动终端的结合，使微博传播具有即时性的特点，这也是微博区别与一般传统媒体，以及博客、SNS 等的优势。手机等移动媒体的加入，为微博提供了快速、便捷的发布平台，我们几乎可以在第一时间把生活中遇到的感兴趣的事发布到微博上，并实现与"粉丝"的即时互动。

仿佛像电视、广播等媒体的现场播放一样，你还可以插入图片、声音、视频等媒体形式，丰富微博内容、增加现场感。

微博的延时性是指发布的信息不像传统的电视、广播等稍纵即逝，微博上的信息不会随着时间的推移而消逝。当你错过了一条信息或者一条评论，你可以通过关注发布者，或者通过搜索关键字查询信息，这样你也可以看到这条信息的全部内容以及转发、评论情况。

微博实时性和延时性传播相结合的特点，使微博实现了全时性的传播优势，满足新闻信息多层次、多角度报道的特点。

（4）聚合性和碎片化

微博巨大的用户数量显示了微博强大的聚合性，以及在遇热点事件时微博的群聚力量。如，3Q大战、日本地震、两会等重大热点事件使用户群聚在微博平台上，发布信息、表达思想、相互讨论，为用户提供一个开放的场所沟通与交流。

与此同时，我们也看到了巨大的用户数量以及每日的发博量带来的负面因素：大量信息以分秒刷新的速度在微博上更新，信息海量、内容零碎，以碎片化的形式呈现在微博平台上，使得微博上有价值的信息容易被淹没在海量的信息浪潮中。而且，微博140字的"微小"内容也使微博上的信息呈现出碎片化、零散化的特征。因此，微博一方面表现出碎片化的特征；另一方面微博呈现出聚合性的特点。

2.微博的传播模式

Twitter在设计之初主要是注重通信和社交功能，而国内微博在效仿Twitter功能的基础上，更加强化微博的媒体和传播功能。以国内的新浪微博为例，微博最主要的功能是"关注""评论""转发"。通过这几个功能，一条微博可能达到上万次的评论与转发，使信息达到广泛传播的效应。

"关注"功能，是指用户对自己感兴趣的微博博主"加关注"。这样微博主更新的微博就可以实时的在自己的微博主页上显示出来，而你就成为你所关注的微博主的一个"粉丝"，通常媒体官方微博、娱乐明星、名人等拥有庞大的粉丝群。

"评论""转发"功能，是在微博上最常见的用户之间的互动。"评论"是在别人所发表的微博上回复你的观点和意见；"转发"是指将别人所发布的微博引用到自己的微博主页上，作为自己更新的一条微博内容，你可以选择对这条"转发"的微博发表评论或者仅仅转发。

由媒体或名人拥有的强大粉丝数，以及微博的评论、转发功能，可以看到微博强大的传播力。一个微博主可能拥有上百万的粉丝，他所发布的信息就可以被上百万次的人看到，并被这些人评论、转发，被转发后的信息又会被更多的人看到。

（1）裂变式传播模式

裂变式传播形象地比喻传播过程像原子核分裂一样迅速、广泛并蕴含巨大的能量，是指一个原子核分裂为两个或更多，然后不断地继续分裂、传递能量，最后在短时间内爆发出巨大的能量。微博的传播过程类似于核裂变过程，一条微博被发布以后，再由对此条微博感兴趣的粉丝继续转发并分享给其他粉丝，并以此规律迅速蔓延开来，从而使此条微博在短时间内被广泛知晓。把微博的传播模式比作核裂变传播，足以看出微博强大的传播力量。

微博的这种传播速度和广度是非常惊人的，它的这种核裂变式的传播模式依赖于微博的"关注"和"转发"机制。粉丝通过关注接收信息，通过转发传播信息，使信息在被关注的同时，并被不断地推动着传播。固然裂变式传播模式使微博能够广泛迅速的传播，但同时大量碎片化信息的扩散，使得微博上信息海量掺杂，导致有价值的信息容易被淹没在微博的信息海洋中。

（2）蒲公英式传播模式

蒲公英式传播跟裂变式传播有几分相似，但是又不完全相同，也是微博传播的常见模式。蒲公英式传播主要是指信息由一个微博用户发布，其他多个微博主转发该信息，并以这些微博主为中心再次进行扩散传播。这种传播方式就像蒲公英一样，一粒种子被吹到哪里，就在这个地方生根发芽，长出更多的蒲公英。这样一条热点微博信息可以被无数次的浏览、转发、分享，这种蒲公英式的放射传播模式使微博的影响越来越大，每个人都可以成为信息的传播者，不断地扩大信息的覆盖面，形成持续广泛的影响。

蒲公英式传播模式有利于企业运用微博进行营销推广活动，也利于新闻传播活动。一个企业可以通过官方微博发布相关信息，并通过子微博转发、传播该信息，使此信息达到不同的受众群，最终从一个点出发，达到多重传播的目的。

这种传播模式应用于新闻信息传播所产生的优势可以见于拥有多个子媒体的新闻媒体的信息传播中。以新浪微博为例，新华社在新浪微博上拥有多个栏目的官方微博，比如，"新华视点""新华民生""新华社中国照片编辑部""新闻社体育部""新闻社消息""新闻社财经周刊""新华社中国网事""新华社电视 CNC"等。不同的官方微博拥有不同的粉丝群，当一个新闻事件发生后，通过新华社官方微博发出，再由新华社其他"子微博"同步转发，能够使新闻事件达到不同的受众群体，从而形成最广泛的覆盖面，达到最好的传播效果。

蒲公英传播模式契合六度分割理论。六度分割理论认为你和任何一个陌生人的间隔不会超过六个人；也就是说，最多通过六个人的关系，你就能够认识任何一个陌生人。那么，微博的蒲公英式传播就是一条信息你让六个人知道，那么通过这六个人，你就可以将微博传播给微博平台上的任何一个人知道。由此可见，微博传播在理论上可以达到的广泛性。

（3）"设置议题"聚合信息传播模式

在传播学理论中，"议程设置理论"是指传统媒体提供信息和安排相关的议题来有效地左右人们关注某些事实和意见，使人们关注的焦点放在媒体认为重要的信息上。而微博也有效地利用了这一理论把人们聚合在微博平台上，通过当前发生的热点信息设置议题，供用户讨论，并将用户发表的观点和意见聚合在微博平台上。这样的传播方式弥补了微博信息传播"碎片化"的劣势，为用户提供平台自由讨论、发表意见。

国内微博在创立之初就感受到了微博强大的聚合力，并重视议程设置的重要性，这弥补了微博信息量大、碎片化的缺点，国内各大微博网站也开设专门的栏目聚集热点信息供用户发表意见，为用户提供了公开讨论的场所。如新浪微博的"微话题"栏目，设置了"热点""大事件"板块汇集热门信息，并设置"热门话题排行榜"查看话题热度。让用户可以通过搜索热门信息发表评论或原文转发。

微博的强大的力量源于其聚合效益，每一个用户都可以自主地报道身边发生的新闻。让每一个人都可以参与到热点新闻事件中来，聚合亿万网民的"微力量"，从而促使"微力量"迅速聚合产生强大的力量。同时，微博运营商们和媒体都感受到了微博这种强大的力量，有效地利用"议程设置理论"，以及微博超强的聚合力，制造热点或话题使用户聚集在微博平台，引导用户对某一热点事件或重大新闻信息发表观点、表达意见。微博平台上，媒体与媒体之间、媒体与用户之间、用户与用户之间超强的聚合与互动，达到信息的广泛传播以及观点聚合的效应。

（4）多级传播模式

很多微博上的重大事件都是从一条微博开始，然后经过群体之间的传播最后扩大成社会事件，这样的事件所产生的强大的"微博力"在微博上越演越烈。这种从个体到群体再到大众的层级式的传播模式，显示出在进行信息传播时微博的多级传播模式。

我们对微博的传播加以分析可以清晰地看到微博的多级传播模式，微博最初的传播基本上都是个人对个人，或者个人对群体（绝大部分是其"粉丝"）的传播。虽然主要是普通微博用户之间的交流和互动，但一旦某事件进入公众视线、引起公众兴趣，则会迅速转变成"大众"传播，引起社会关注。

微博上这种传播效果的不断加强和发展升级源于微博由最初的个人对个人或个人对群体的初级传播发展成面对面的大众传播。这不仅仅依赖于微博对事件进展的不断更新，同时，为了使信息更具说服力，微博往往通过增加图片、音视频或者添加链接的形式与互联网媒体结合，甚至与报纸、广播、电视等传统媒体结合，以实现大众传播。微博的再次传播链接了电视媒体的声音和图像报道、融合了纸质媒体的深度解读，以及网络媒体的音视频播放和网友互动评论等，使得微博的信息在广度和深度上不断升级，实现微博的多级传播模式。

3. 微博传播的动力因素分析

微博传播扩散的动力因素除了微博天生具有的低门槛、低文学性、便捷性等因素外，最重要的一个动力因素就是微博去中心化的草根传播模式。通过草根的力量使得微博能将重大事件、热点新闻等公共信息更广泛的告知，当然权威媒体的官方微博的作用不容忽视，但活跃在微博上的大量"草根"确是非常重要的传播动力。微博的这些特性在前面已经提及，这里主要从传播学、心理学和社会学角度分析微博传播的动力因素。

（1）社会动力因素

①社会群体卷入的偶然性和必然性

"群体"通常是指相互联结的、相互作用、存在着相互影响关系的个人的社会集，有着共同的利益、观念、目标、兴趣等。传统意义上的群体往往是指现实生活中由两个或更多个体组成的人的集合。这些人为了实现某个特定的目标而聚合在一起，他们之间相互影响、相互作用、相互依赖。而在网络信息时代，"群体"可以理解为在网络上某一小部分人群因为共同的兴趣爱好或者为了实现某一共同目的在互联网平台上形成的用户的聚集，他们聚集在一起自由发表观点和意见、相互讨论、相互影响。

回顾微博上发生的重大新闻事件，有些在微博上引起轩然大波的新闻事件仅仅源于偶然的因素。这些事件的初衷仅仅是供自娱自乐或者是为了粉丝之间的互动，并没有料想到结果会引来社会群体的大量卷入，逐步演化成社会事件，这种偶然性的群体性卷入是微博传播上时有发生的事件。

社会群体卷入的必然性则是微博用户在发布某一信息时，希望引起社会关注的，获得社会群体力量的帮助，达到解决问题的目的。

②个体群体合力作用

为了使公共事件的影响最大化，一般情况下会广泛吸引关注和聚合力量，从而使事件得到最快最好地解决。传统的媒体如报纸、广播、电视在报道公共事件上能使广泛的知晓，但与群众互动较弱。网络媒体出现后，普通群众可以通过网络自主地获取信息、发表意见，形成良好的互动，但自从微博出现以后，微博强大的传播力使得公共事件在微博上能够得到迅速的传播。并由于实时性的互动和极强的现场参与感，使得每一个微博用户都能如同"面对面"般地发布和获得相关信息，以实现"现场"讨论。

个人力和群体力在微博这一平台上很好的互动与交流。个体的力量是微弱的，一条微博内容也是微小的，但是通过微博上的用户层层评论、转发，最后汇集成群体的力量，从而使事件的覆盖面和影响力不断扩大。

③从个体需求到社会诉求的多重满足

微博作为一个新的传播平台，具有"4A"特征（Anytime，Anywhere，Anything，Anyone），即任何人在任何地方都可以在微博上发布任何事件。因此，微博的"4A"特征革新了信息传播模式。信息传播的媒介不再掌握在少数人的手中，普通群众也不再是信息的被动接收者；同时，也打破了信息传播的时空限制。微博这一平台充分体现了"自媒体"的特点，普通用户可以通过微博发布自己的"新闻"，满足个体表达的心理欲求。人们可以根据自己的兴趣关注新闻，也可以将自己的所见所闻第一时间发布在微博平台上供广大用户分享，这满足了用户充当"主角"的愿望。

在互联网出现以前，尤其在微博出现以前，社会没有给公众提供一个合适的场所发表诉求，很多个体需求和社会诉求得不到合适的表达，公众没有找到一个很好的出口，往往处于被动的局面。而微博出现以后，以极其开放的平台和特有的草根模式，使得公众有了一个平台可以自我满足、相互交流，为个人和社会提供了一个"发泄"的场所。纵观近两年的重大事件，绝大多数都是"微博先行"，传统媒体再做报道。微博平台使个体需求和社会诉求得到多重满足，个体和社会反过来也成为推动微博传播的社会动力。

（2）传播学动力因素

①意见领袖的推动作用

意见领袖是指在人际传播网络中经常为他人提供信息；同时，对他人施加影响的"活跃分子"。他们在大众传播效果的形成过程中起着重要的中介或过滤作用，由他们将信息扩散给受众，形成信息传递的两级传播。"二八定律"最初是指社会上20%的人占有80%的社会财富，这一理论延伸到意见领袖同样说的通，可理解为20%的意见领袖传播80%的信息，因此，一条信息的传播扩散力最终取决于意见领袖的关注与参与度。

在微博传播中，意见领袖的身影无处不在，他们既可以是某媒体的官方微博，也可以是名人，还可以是活跃在微博平台上的"草根"用户。他们拥有大量的"粉丝"，信息通过他们的微博传递给其他用户，比较具有权威性，因此，增加了大面积传播的可能性。在微博中，加V用户（verified，说明用户的身份是真实的并通过新浪网站官方验证，通常是名人、媒体官方微博或社会群体等）通常具有意见领袖的作用。这些都是通过新浪微博认证的，身份具有权威性，拥有大量的粉丝群，并活跃在微博平台上，其发布的微博内容往往真实可靠，易取得广大微博用户的信任。

②单向的用户扩散模式

在传统的互联网平台，比如博客、SNS，通常是半开放模式，只有相互关注的用户才能看到彼此的信息，彼此才能交流互动。微博打破了这种模式，微博完全开放的平台，使得用户只需要一方"关注"就可以在该用户的主页上看到你所关注的用户的信息。这种单向的用户扩散模式完全消除了信息分享和传播的障碍。

在微博上，那些活跃在微博上的名人通常拥有上百万的粉丝，意思就是他们被上百万的人所关注，他们每天发布的信息可以被上百万的人阅读，但是他们所关注的可能才仅仅几十或几百。因此，这种单向的用户扩散模式在很大程度上保证了微博的传播力，使得信息可以在微博上自由的分享和传播而没有像传统网络媒体的那些限制。

（3）心理学动力因素

"使用与满足理论"认为人们接触使用媒介的目的是为了满足自己的需要，这种需求和社会因素、个人的心理因素有关。因此，用户使用微博是基于一定的目的，这种目的也是为了满足用户自身的需求和目标。虽然每个人使用微博的目的和需求不同，但是综合分析得出，人们使用微博的主要目的是为了记录生活、发表观点和价值诉求以及获得信息。微博是草根情感宣泄和满足自身需求的重要工具和渠道，这就意味微博已经成为了草根自我表达和自我满足的重要舞台。

①自我形象的构建

在心理动力学中，本我、自我与超我是精神分析学家佛洛伊德提出的："本我"代表欲望，受意识遏抑，是完全潜意识的；"自我"主要负责处理现实世界的事情，大部分有意识；"超我"是良知或内在的道德判断，仅部分有意识。在微博世界中，由于微博的匿名性，用户常常表现出"本我"的特点，并在微博中往往表达出最真实的情感、发出内心的声音。投票结果显示，微博用户使用微博最主要的目的是表达情感、记录生活。通过情感的表达和对生活的点滴的记录，用户将自己的心情和生活与"粉丝"分享，有助于用户在朋友中塑造最真实的自我形象，这种真实的自己更易交到兴趣相投的朋友。

②价值和身份认同

在高速发展的信息时代，"快餐式"的生活节奏让人们缺乏交流。现代人往往感到孤单，有一种被忽视的感觉，常常得到不相应的价值和身份的认同，因此，急迫的建立起被关注与认同的关系。微博的出现，给人们提供了一个抒发感情、释放情绪、与人交流、享受关注的平台。普通用户可以通过微博平台发布自己感兴趣的事件、可以抒发情感、针对某一话题发表观点、享受关注与被关注、结交朋友等。在微博上，你可以发起话题、寻找有共同爱好的朋友一起分享、讨论，你也可以参与你感兴趣的别人的话题。在这个平台上你可以找到大量的与你有着共同兴趣、爱好的朋友，而这种"朋友"关系并不是真实人际关系的网络复制。这些"朋友"可以是现实生活中的朋友，但大多数都是基于对话题的共同兴趣而相互关注、交流与分享的"关注与被关注"的关系，而这种微博用户的关系往往能带来价值和身份的认同，从而享受一种"被关注"与"担当主角"的满足感，而这种满足是人们在现实生活中不能轻易得到的。

③权利和权力的满足

微博这一高度开放的平台使得中国公民有获得公共话语权，以及自由表达权利的可能。微博作为一种新型的舆论传播工具和重要的信息传播渠道，不仅媒体重视微博，政府也越来越看重微博这一平台的舆论影响力和传播力。越来越多的政府组织注册官方微博，利用微博的优势发布信息、与公民交流、引导舆论。普通群众可以通过微博与政府平台沟通交流、表达诉求，微博为公民的参与政府讨论提供了一个开放的平台。公民可以自由的表达、提供意见和建议，微博使公民的话语权和自由表达的权利得到了充分的体现。

（二）微博对新闻传播的影响优势

微博这一新兴媒体对新闻传播的影响越来越广泛，现在已经成为传统媒体和专业记者必不可少的新闻收集与发布的平台。

微博惊人的信息传播和更新速度使传统媒体望尘莫及。同时，其强大的聚合力使得大量用户众聚合在微博这一平台分享信息，形成广泛的受众群。当大量用户群聚在这一新兴的传播媒介时，传统媒体也不会错过任何一个与时俱进的机会，纷纷登录微博平台、注册官方微博账号、抢占新的传播平台，利用微博得天独厚的优势进行新闻传播。

以新浪微博为例，不管是报纸媒体、杂志、电视、广播、通讯社还是网络媒体或新媒体，几乎都拥有了自己的官方微博。其中，最具影响力的是新浪新闻中心的官方微博"头条新闻"，以24小时播报全球重大新闻事件受到广大微博用户的青睐。其次，依次有"财经网"官方微博、"新浪娱乐"、《新周刊》官方微博、《南方都市报》官方微博、《中国新闻周刊》官方微博、"凤凰卫视"官方微博，等等。各家媒体都利用微博的传播优势注册官方微博形成强劲的宣传势头和报道模式，并与传统媒体形成优势互补。

1. 对新闻素材采集渠道的影响

（1）传统的新闻采集渠道

新闻源即新闻来源或新闻的出处，指新闻从哪里获得。传统意义上的新闻采集渠道一般有三条路径：一是记者主动采访他人，比如，采访某一事件的当事人、采访事件的目击者或采访政府官员或公司领导等；二是记者在现场亲眼目睹新闻事件，可以是新闻发布会，也可以是某一突发事件等；三是通过查阅有关资料或者他人的来信来电来访等，新闻素材是记者在采访新闻时所获得的原始材料，记者经过整理、写作、编辑最后形成一篇供受众阅读的新闻。

（2）微博提供广泛的新闻源和多样化的新闻素材

互联网时代到来后，网络成为了新闻素材采集的一个重要渠道，这为媒体提供多种多样的新闻素材。网络给记者提供新闻源的方式是多样化的，比如，通过与提供线索的人QQ聊天、或发来电子邮件等，或者在论坛、网页上发现新闻线索、然后再经过证实、调查组成最终的新闻稿件。虽然网络上的信息海量、消息真假掺假，但网络的快捷和方便使传统媒体对其产生越来越强的依赖心理。网络的发展可谓一日千里，媒介的推陈出新的速度也是相当惊人的，微博的出现更是为传统媒体注入了一股新鲜的血液和力量。

微博平台的开放性使人人都能使用微博，人人都能通过微博发布信息。微博的这种模式打破了群众的沉默，为普通百姓提供了一个"诉说"的平台。在没有网络时代，寻找新闻源是记者的专利，普通群众往往只有通过写信、电话或者邮件甚至上访的形式提供新闻线索，而且成功的机率并不是很高。当网络出现后，尤其在微博出现后，微博的"4A"特征使得用户能够随时随地的将自己的所见所闻第一时间发布在微博平台。这激起了用户充当"记者"的热情，用户在微博上自由的发布各式各样的信息，其中，不少信息具有新闻价值或能够为专业媒体提供新闻线索。

微博为普通网民关注身边的热点事件，参与热点新闻的传播提供了媒体平台。这反过来使得微博成为记者寻找新闻线索的一个很好的平台，在这个平台能从不同的微博用户中获得不同的线索。同时，微博用户的广泛性也体现出了微博所能提供的新闻源的广泛性。

2. 对新闻信息传播平台的影响

（1）传统的新闻信息传播平台

报纸、广播、电视是进行新闻传播最主要的平台。报纸利用其文字优势可以对新闻信息进行深度报道或评论解释，但由于报纸由于其时效性不强，对于重大新闻通常采用专题报道的形式进行深度解释或评论。广播利用其声音特点给人们一种亲近感和真实感，但是声音转瞬即逝，不易保存，因此，在新闻报道的时候通常是利用新闻访谈给人以现场聆听的感觉。而电视由于画面的优势给人以亲临现场的真实感，对于新闻事件有直观的认识，现在几乎每家每户都有电视，所以也能使新闻传播的效果最大化，是现在普通百姓广泛接受的一种新闻传播平台。

互联网的出现使得新闻传播的平台有了重大突破和创新，互联网的新闻传播融合了报纸文字的解释优势、广播电视的现场感以及良好的受众反馈机制，使得网络成为新闻传播很好的载体。

（2）微博是"天生的"突发事件传播平台

在微博时代，人们通过微博获取新闻。微博成为新闻传播的新平台、创新了传播的新闻传播模式。微博的简便性和手机等移动设备的移动性、实时性相结合，使信息发布的过程变得简单快捷。微博独特的"4A"特征使得任何人都能在第一时间报道事件的最新情况：一方面是因为手机与微博的结合使能够随时随地的发布信息，手机的便携性比起电视直播设备的不方便而更具优势，手机发布信息超强的实效性比起报纸媒体的新闻传播也显得优势突出。特别是科学技术日益发达的今天，手机的功能越来越强大，不仅可以发送短信，还可以编辑图片、声音、视频等媒体形式。因此，微博用户可以通过手机发布文字信息，也可以通过手机拍摄现场的视频发布到微博上。另一方面因为微博提供了最快速、便捷、多样化的发布平台，我们几乎可以第一时间把生活中遇到的事件发布到微博上。

突发事件是指意外地突然发生的重大或敏感事件，包括自然灾害、恐怖事件、社会冲突，等等。在新闻传播领域，突发事件常常是指诸如"非典""地震""海啸""矿难""骚乱""劫持人质"等一切突然发生的、影响公共生活或公共秩序的重大事件的总称。此类事件的发生一般对社会具有消极影响且具有较大的社会冲击力，它的发生和发展通常关乎公众的利益，其牵涉面广、发展速度快、后果严重等。

由于事发突然，造成大面积群体伤害，事件影响严重，社会普通群众高度关心事件的发展态势。媒体在报道此类突发事件上也是高度重视，电视媒体通常采取的第一时间全程直播的方式让广大群众知晓事件的实时发展状况，如 2008 年的汶川地震，央视以尽可能快的速度让全世界看到了四川当地的灾情，这是我国电视首次全程直播灾难事件发生和救援的全部过程。当时央视迅速、实时的直播让全国人民了解了灾难发展的最新的动态。同时，由于报纸媒体时效性不如电视媒体，因此，取深度报道的形式与电视媒体形成互补，通过报纸群众可以了解到灾难发生的原因以及救援的进展情况等等。在这次重大灾害事故中，互联网起到了巨大的作用，由于电视和报纸媒体与受众的互动性不强，网络成为全国人民关注灾难，伸出援手的主要阵地，网民利用网络发起救援，在普通群众中迅速传播。

之所以把微博比喻成"天生的"突发事件发布平台是基于微博的传播速度快、信息分秒更新、覆盖面广、超强的互动性，以及随时随地发布信息的先天优势。突发事件具有突发性、扩散性、破坏性以及影响广等特征，这也需要新闻媒体迅速的报道和广泛的告知，实时的跟进事件发展状况以及及时的受众反馈，这些要求是微博的先天优势所能实现的。

3. 新闻报道模式的革新

传统的报纸只是一种平面的印刷媒介，传统的广播、电视只是以时间为轴线进行传播和反馈的线性电子媒介。而互联网的出现像大众展示了全媒体时代的到来，新闻报道整合了文字、图片、动画、视频、音频等媒体表现形式，同时，信息的传播也不受时空限制。尤其"微时代"的到来，微博的新闻报道模式更是契合了这"快餐式"的现代人的生活节奏。

（1）多媒体和立体式的报道更具现场感

微博的新闻报道不同于传统的新闻报道其根源还在于微博先天的特征：内容微小、传播速度快、信息更新迅速、融合了多种媒体形式等。正是由于微博的这些特征，成就了今天微博的新闻报道模式、革新了新闻报道的传统模式。

微博的新闻报道集文字、图片、声音、视频等多种媒体形式于一体，呈现出了多维度、立体式的报道模式。一篇完整的新闻报道一般包含标题、导语、正文三个部分。如果是对于重大新闻事件的报道，则采用专版或图文结合、深度报道的形式。而微博由于字数的限制，微博在进行新闻的报道过程中，其一般采用多条微博相结合的报道模式，并逐级丰富新闻的内容和形式。

微博的新闻报道模式是呈现出层级的、立体式的多级报道模式，这源于微博的多级传播优势，微博新闻的首次报道主要是类似于传统新闻导语式的报道形式，其目的是第一时间告知公众发生的事情，以争取新闻报道的时效性。微博新闻的第二次报道则是更多的实时更新，对于事件发展进程的更新，增加现场的图片信息或视频信息，增加其他网络媒体相关报道的链接，使新闻事件包括事件发生的起因、经过、结果，还使新闻事件逐层地呈现在公众的面前。微博的新闻报道的多级模式增加了报道的现场感，使得新闻更加立体和真实地呈现在公众眼前。

（2）微直播——创造全新的新闻直播模式

"微直播"是微博时代特有的术语，也是微博时代所创造的全新的新闻直播模式。传统的新闻直播是以广播电视为基础，将事件现场情况通过演播室播讲或表演同步播出，但是传统的新闻直播需要庞大设备系统的支持，如新闻直播车、摄像机、直播间，等等。新浪微博对微直播的解释是"以微博为基础，依托微博平台，通过汇集微博上来自各方面的实时信息，全方位展现重大新闻事件或大型活动进程"。

目前，微直播已经深入政治、经济、文化、娱乐等多个领域。微直播凭借微博巨大的影响力、微博平台超强的聚合性、微博传播的快捷性和互动性，以及微直播本身的现场性等特点。微直博已成为新闻信息传播最快速的平台，是用户参与最便捷、互动性最强的平台。同时，还可以链接到网站、SNS、甚至与传统媒体形成结合，形成多终端交互传播模式。

微直播正在极速的发展，凭借新浪微博的巨大影响力。目前国内发展最好的是新浪微博的"微直播"，它以"人人都是直播台"为口号，体现了微博直播的个性化和参与性等特点。微直播改变了传统媒体独占媒介资源的优势，使得人人都可以参与直播互动，创新了新闻的报道模式。

4.受众参与模式的转变

通常意义上，新闻信息传播目的是两方面的：一是传播者的需要，需要通过新闻表达意见、发布观点以引导舆论；二是接收者的需要，是受众了解世界最新发生的事实的需要，也是受众及时了解客观世界的变化以便更好的地认识世界，及时地做出决策。不管是传播者的需要还是接受者的需要，受众都是新闻传播最关键的环节。传播者需要及时的获得受众的反馈，从而对受众进行舆论引导，为社会营造健康积极的舆论环境。而受众需要及时地将自己的需要反馈给传播者，让传播者了解受众最根本的需要是什么，以便根据受众的需要进行舆论引导。

（1）单向度传播变为全民参与

在互联网还没有出现的时代，受众获取信息往往是被动的，受众接收到的信息是"被安排的"，这些信息都是由掌握传播技术、传播资源的少数媒介集团或专业记者预先制定好的。受众所认识的世界是主观的，是由传统媒体所展示出来的世界，受众只有被动地通过阅读报纸、收听广播、观看电视了解到当今世界所发生的事情。受众与媒体的互动方式仅仅限于来信、来电、上访等方式，而普通人很难跨入信息传播的门槛。在传统媒体时代，新闻信息的传播方式是以传者为中心的单向度传播模式。而进入互联网时代，尤其 WEB2.0 时代的到来，随着电子邮箱、IM、博客等媒体形式的出现，极大地增加了受众参与新闻传播的积极性，网络成为主流媒体新闻的重要补充，也逐渐成为公民获取新闻、参与新闻的重要阵地。

几乎大部分重大新闻事件都是由微博首先爆出再引起公众的强烈反响，最后主流媒体也参与进来。而这些新闻事件最初只是由网民在网络上爆料而最终造成了强烈的社会反响。

微博作为网络时代的最新产物，被广大网民所接受并逐渐成为群众获取新闻、参与交流、发表观点最有效的平台。微博的公开性以及超强的互动性使人人都能参与其中，引爆了普通百姓参与重大新闻事件的热情。因此，当今的新闻传播经历了传统媒体时代以传播者为中心，到互联网时代传播者与受传者积极互动，再到现在的微博时代的全民参与。微博"去中心化"的传播模式使人人参与新闻报道，人们敢于发表观点，热衷于分享身边的新鲜事情。微博时代激起了人们的社会意识、公民意识、参与意识。

互联网的出现，改变了传统单一线性的传播格局，微博"去中心化"的传播模式确立了受众在大众传播中的主体地位，进一步强化了新闻传播中媒体与受众的新型互动关系，深刻影响着新闻传播发展的进程、加速了主流媒体的变革。

（2）"公民新闻"对专业新闻的重要补充

"公民新闻"，又叫"草根新闻"，是随着互联网的出现逐渐兴盛，也是指公民（指非专业的新闻传播者）通过个人通信工具、大众媒体等形式发布到大众传播平台上供所有人共同分享的发生在身边的有新闻价值的第一手信息，而这里所指的大众传播平台通过是博客、SNS、微博、论坛等普通网民日常可以接触到的传播平台。简单地说，公民新闻就是指新闻的获取、写作、编辑、发布过程都是由普通公民一手操作，而没有专业媒体记者的介入。这种完全由公民自己采写的新闻被称作是公民新闻，比如，当你经历一个突发事件，你将现场的情况以文字或图片、视频的形式发布到微博上，这时你所发布的新闻就被称作"公民新闻"，而你就成为"公民记者"或称"草根记者"。

"公民新闻"是对传统媒体新闻报道的一种颠覆，它代表了一个时代媒介发展的历程，是自媒体时代的必然产物。随着手机、博客、微博、数码相机、IPAD 等自媒体的出现，普通公民掌握了新闻传播的简易设备和媒介，为公民发布新闻提供了技术支持。这唤起了公民自由表达的权利意识、极大地刺激了公民的传播热情，使得公民可以通过日常的传播媒介将所见所闻传播出去。而在"公民新闻"的传播过程中，网络传播是关键环节，是公民新闻得以扩散的重要阵地。微博是网络时代的最新产物，它极其开放的平台以及草根特征使得微博已然成为大量"公民新闻"的诞生地。

微博时代，被专家称作草根集体狂欢时代。大量草根群体聚集微博平台，利用微博的自媒体特征，以及微博信息传播的便捷和迅速，参与新闻报道，"公民新闻"不断涌现。

（三）微博新闻传播的展望与对策

1.平衡自由表达和表达的底线

（1）尊重个人表达权，控制表达的底线

媒介融合给人们带来了网络化的数字媒介，使人人都有拥有自己的媒介的可能。微博的出现、"草根记者"的崛起、"公民新闻"的涌现，如此种种都表现出公民的越来越宽松的新闻自由和表达自由。但是人们在拥有这一自由的同时，也由于种种原因带来了许多不利的影响，如"郭美美事件"、微博局长、"娱乐明星舒淇删微博事件"等"微博乱象"层出不穷。这引发了社会的反思：如何平衡公民的自由表达权以及表达的底线？如何保障微博新闻传播的纯净性？

"新闻自由""言论自由"是人们一直以来争取的权利，微博极其开放性的平台以及传播的便捷使得公民被授权更多的自由表达权。这一方面满足了公民的表达需求、激发了公民的表达欲望，"公民新闻"和"草根记者"的出现成为新闻传播的重要补充，为新闻传播做出了突出的贡献。政府和媒体应该尊重和保障个人的表达权，营造自由活泼的舆论环境。但另一方面由于自由是相对的，对于煽动舆论、误导公众的言论需要得到控制。因此，政府和媒体需要相互配合，控制表达的底线；同时，公民和媒体也需要高度自律，在享受自由表达权利的同时，也要承担保障舆论纯净性的义务。

（2）反思："停止评论"就能制止谣言吗？

微博上这种局面的出现是由于网络上谣言四起、假新闻散播，公民滥用自由表达权，以及政府监管制度的缺失等多种因素综合作用所造成的。仅仅通过"暂停微博的评论功能"，对信息做"集中清理"只能起到治标不治本的作用。言论的开放、表达的自由，一方面是验证政府的民主；另一方面确是在考验公民的自制力和公德心。而微博正成为考验公民道德和公民媒介素养的"考场"，与管理者的监督的同时，公民应当积极配合，进行严格的自我管理，维护"考场"的秩序。"防民之口、胜于防川"，单单靠"堵"是起不了良好作用的，甚至会达到相反效果。只有靠"疏通"和"治理"标本兼治，才能达到最好的效果。

微博新闻传播未来的发展既要充分的尊重公民的自由表达权，又要适度地控制表达底线，给予公众充分的新闻自由的权利、营造健康向上的舆论环境，以促进微博新闻传播的蓬勃发展。

2.重视速度，也要重视深度

（1）未来微博新闻报道的要求

速度、精度、深度和角度是新闻报道的最主要的四个目标，指新闻的报道注意时效性、内容准确精准、角度具有创新性、新闻报道具有深度和广度。

微博已成为人们日常获取新闻的重要平台。因此，对于微博新闻传播的要求也越来越专业化，需要微博的新闻传播向传统的新闻传播一样，既要及时的告知人们新近发生的热点信息，又要揭露新闻事件背后的原因，准确选取新闻的角度，并对新闻事件进行深入分析，引导舆论的健康发展。因此，未来微博新闻传播的发展除了需要速度的要求，还需要重视这四个精度、深度的角度。

（2）结合微博的速度优势和传统媒体的深度报道优势

微博传播及时、信息更新快、聚合性强等特点使微博在对突发事件报道时具有天然的优势。但是另一方面微博信息的碎片化、信息海量、内容简单等特点又使微博的新闻报道缺乏深度、难以对新闻事件深层次的原因进行分析和评论。而传统媒体如纸质媒体等在文字上的优势使得报纸能对新闻事件进行深度分析，形成深度报道。

未来微博的新闻传播需要与传统媒体优势整合，既要重视速度，又要重视深度。利用微博的"速度"优势对新闻事件做及时的报道，然后通过链接连接其他网络媒体、新闻官方网站、广播电视等媒体做"深度"报道，对新闻进行全方位的报道，给受众提供及时更新的新闻信息的同时，让受众深度了解新闻事件的背景、原因等，形成全方位的报道。

3."草根记者"和专业记者互补发展

微博上"草根记者"的涌现对新闻报道起到了重要的补充作用，但是"草根记者"报道的非专业性和不稳定性又让"公民新闻"的传播具有一定的局限性。因此，专业记者的主导地位是草根记者无法撼动的取代的。未来微博的新闻传播中，要加强对"草根记者"的管理和教育，使其与专业记者形成互补发展，给受众呈现一个更加真实的世界。

（1）重视公民媒介素养的培养

公民媒体素养的高低是舆论环境的一个重要决定因素，也是公民新闻质量好坏的一个重要决定因素。在微博时代，微博的开放性给了公民越来越宽松的表达自由权，这需要更加重视公民媒介素养的培养。

加强对公民的媒介教育，有利于公民形成良好的传播意识和养成良好的传播行为，促使公民在大是大非前保持清醒的头脑，避免陷入虚假信息和谣言带来的陷阱中。从公民从思想和意识上杜绝网络暴力的发生，同时，也在一定程度上净化了微博新闻传播的环境。

（2）增强"意见领袖"的社会责任感

"意见领袖"在新闻传播中的作用是不言而喻的，对新闻传播进行过滤是新闻传播中的中介。在微博中，人人都是自媒体，人人都可以是传播的主角，而真正的充当新闻传播的"意见领袖"往往是那些名人、记者或官方微博，等等，它们在新闻传播中起了重要的作用。增强专业记者的社会责任感，以及对"意见领袖"进行媒介教育是未来微博新闻传播迅速发展的重要环节。作为新闻传播的主体人员，他们的道德和行为对新闻传播具有重大影响。因此，对其进行媒体教育和职业道德教育、增加社会责任感显得尤为重要。在未来微博的新闻传播中，提高专业记者的社会责任感、提升"意见领袖"的道德意识有助于新闻传播的良好发展。

4.政府的监管和媒体的自律双重保障

（1）提供制度和法律保障

微博在我国是媒介融合的新兴产物，其新闻传播功能有待完善和开发，同时，相关的法律和制度保障还尚不完善，导致新闻传播的过程中虚假新闻、谣言等新闻传播的弊端不断突显。我国应该针对微博的特征，在保障公民新闻自由和表达自由权利的前提下，提供一些法律支持和制度保障。

微博实名等相关制度的制定和微博传播法律法规的完善必将对未来微博新闻传播产生重要的影响。但是这是一个漫长的、逐渐完善的过程，需要公民的配合和政府的监督以及媒体的自律，最终使微博新闻传播更加专业化、更加完善。

（2）媒介的自律和精神的坚守

在微博新闻传播不断发展的同时也隐含着诱惑和风险，这要求媒介在面对诱惑和风险时需要保持高度的自律和精神坚守，维护微博新闻传播的真实性和纯净性，保持微博新闻报道的权威和公信力。

在新闻传播中，尤其在突发事件的报道中，媒体之间的恶性竞争可能会导二致微博媒体为了获得"粉丝数"和关注度，而盲目追求新闻的爆炸性，进而忽视了新闻信息的证实和可能造成的不良舆论影响。

未来微博新闻传播的发展，媒介应该高度自律，坚守新闻主义专业精神。尤其是涉及公共安全和可能激起民愤的新闻信息传播中，更应该选择恰当的角度、合理发表言论、突出人文关怀，以高度的责任高和坚定的新闻主义专业精神进行新闻报道和舆论引导，营造出健康积极的微博新闻传播环境。

第二节 自媒体运营策略

自媒体是指那些依赖于社交媒体平台，由个人或团队独立运营的媒体。它们通过发布原创或策划的内容，构建自己的品牌和粉丝群体。以下是一些有效的自媒体运营策略。

一、精心打造内容

高质量的内容是自媒体吸引和留住粉丝的核心。你应该深入理解你的目标受众，创造出他们感兴趣且有价值的内容。精心打造内容是自媒体成功的关键。以下是一些制作高质量内容的策略。

（一）了解你的受众

了解你的目标受众是什么，他们关心什么以及他们的需求和痛点是什么。你可以通过市场调查、用户访谈、社交媒体互动等方式来收集这些信息。

（二）选择合适的主题

你的内容应该围绕你的受众关心的主题，这些主题应该与你的品牌定位、专业知识和独特视角相符合。

（三）提供价值

你的内容应该为你的受众提供明确的价值，例如，教他们学会新的技能、提供他们所需的信息、解决他们的问题、或者给他们带来娱乐。

（四）关注内容质量

你的内容应该有深度和质量，包括准确的信息、明确的观点、清晰的写作或演讲、专业的设计和格式等。

（五）讲故事

人们喜欢听故事，所以你应该尝试通过讲故事的方式来传达你的信息。好的故事可以引发情绪反应、增强记忆力以及建立更深的连接。

（六）将你的品牌融入内容

你的内容应该反映你的品牌价值和个性。这不仅包括你的品牌标志和颜色，也包括你的语言风格、观点、价值观等。

（七）使用视觉元素

人们通常对视觉信息反应更强烈。你应该使用图片、视频、图表、动画等视觉元素来增强你的内容。

（八）定期更新

你应该定期发布新的内容来吸引和留住你的受众。同时，你也应该定期更新你的老内容，以保持其相关性和准确性。

以上策略都有助于你精心打造高质量的内容。但请记住，最重要的是持续改进和学习，因为内容制作是一个需要不断磨炼的技能。

二、利用 SEO 优化

搜索引擎优化（SEO）是一种技术，旨在提高你的内容在搜索引擎（如 Google、Bing、Baidu 等）的排名，从而吸引更多的自然流量。以下是一些基本的 SEO 策略。

（一）关键词研究

确定你的目标关键词，这应是你的目标受众搜索你的内容时可能使用的词或短语。你可以使用关键词研究工具（如 Google 关键词规划器）来帮助你。

（二）优化标题和元描述

你的标题应包含你的目标关键词，并且吸引人点击。元描述（即在搜索结果中显示的一段简短描述）应包含关键词，并准确描述你的内容。

（三）在内容中使用关键词

你的关键词应自然地融入你的内容中，不要过度使用，以免被搜索引擎视为关键词填塞。

（四）优化 URL

你的 URL 应简短且易于理解，并包含你的主要关键词。

（五）使用内部链接和外部链接

你应链接到你的其他相关内容，以及权威的外部资源。这可以帮助搜索引擎理解你的内容；同时，提供额外的价值给你的读者。

（六）优化图片

你应使用相关的文件名和 alt 标签（即当图片无法显示时显示的文本）来描述你的图片。

（七）提高网站速度

搜索引擎优先显示加载速度快的网页。你可以通过优化图片大小、减少 Javascript 和 CSS 等方式来提高你的网站速度。

（八）适应移动设备

大多数人现在使用手机或平板电脑上网，所以你的网站应能在各种设备上良好显示。

（九）创建高质量的内容

最后，但并非最不重要，搜索引擎优先显示高质量、有价值的内容。你应专注于创造出真正有价值的内容，而不仅仅是为了 SEO。

以上策略都有助于提高你的 SEO，但请记住，SEO 是一个长期的过程，需要持续优化和改进。同时，你应始终遵守搜索引擎的指南，避免使用任何的黑帽 SEO 技术。

三、活跃在社交媒体上

活跃在社交媒体上是自媒体运营中非常重要的一部分。它可以帮助你扩大品牌影响力、吸引和维护粉丝，以及推动内容的传播。以下是一些活跃在社交媒体上的策略。

（一）选择合适的平台

不同的社交媒体平台有着不同的用户群体和特点。你应该根据你的目标受众和内容类型选择合适的平台。例如，如果你的受众主要是年轻人，你可能会选择使用 TikTok 或 Instagram。

（二）发布定制的内容

你应该根据每个平台的特点定制你的内容。例如，Instagram 适合发布图片和短视频，而 LinkedIn 更适合发布职业相关的文章和信息。

（三）定期发布

你应该定期发布新的内容来保持活跃度；同时，也要保证内容的质量。

（四）互动与粉丝

社交媒体是一种双向的沟通工具，你应该利用这一点和你的粉丝互动。例如，你可以回应评论、参与讨论、举办问答活动等。

（五）利用标签和话题

你应该利用标签和话题来提高你的内容的可见性。同时，你也可以参与热门的话题和挑战来吸引更多的注意力。

（六）分析数据

你应该定期分析你的社交媒体数据，包括粉丝数、点赞数、分享数等，了解你的策略是否有效，以及如何改进。

（七）合作与其他自媒体

你可以和其他自媒体合作，互相推荐彼此的内容、共同扩大影响力。

以上策略都可以帮助你在社交媒体上更加活跃。但请记住，最重要的是真诚和价值，你应该把社交媒体当作一个与你的粉丝建立关系和提供价值的工具，而不仅仅是一个推广的渠道。

四、构建邮件订阅列表

邮件订阅列表是自媒体运营的一种有效工具，可以帮助你直接与你的受众保持联系、推送内容，以及促进销售。以下是一些构建邮件订阅列表的策略。

（一）提供价值

你应该明确告诉你的受众，订阅你的邮件列表能得到什么价值。这可能包括独家的信息、优质的内容、特殊的优惠，等等。

（二）易于订阅

你应该在你的网站、社交媒体、内容等地方放置显眼的订阅按钮或链接，让人们可以轻易地订阅你的邮件。

（三）保护隐私

你应该明确告诉你的受众，你将如何保护他们的隐私，以及他们可以如何取消订阅。这将增加他们的信任、增加订阅的可能性。

（四）提供引导转化的优惠

例如，你可以提供免费的电子书、优惠券、试用服务等，以鼓励人们订阅你的邮件。

（五）分段你的列表

你可以根据你的受众的兴趣、行为、地理位置等因素将你的列表分段，从而发送更个性化和相关的邮件。

（六）定期发送邮件

一旦你建立了邮件列表，你应该定期发送高质量的邮件。但要避免发送太频繁，以免让人感到厌烦。

（七）测试和优化

你应该定期分析你的邮件的打开率、点击率、转化率等指标，以了解你的策略是否有效以及如何改进。

以上策略都可以帮助你构建和管理你的邮件订阅列表。但请记住，最重要的是提供价值，你的邮件应该为你的受众提供真正的价值，而不仅仅是一种推广手段。

五、利用数据分析

利用数据分析是自媒体运营的重要部分，可以帮助你了解你的受众、优化你的内容和策略以及衡量你的效果。以下是一些利用数据分析的策略。

（一）定义关键指标

你应该定义一些关键指标来衡量你的效果，如访问量、用户留存、点击率、转化率、社交媒体互动等。

（二）收集数据

你可以通过各种工具和方法收集数据，如网站分析工具（如 Google Analytics）、社交媒体分析工具、电子邮件分析工具、用户访谈、问卷调查等。

（三）分析数据

你应该定期分析你的数据，寻找模式和趋势，了解你的受众的行为和需求，以及你的内容和策略的效果。

（四）测试和优化

基于你的分析结果，你应该不断测试和优化你的内容和策略。例如，你可以测试不同的内容类型、发布时间、推广方式等，看哪些更有效。

（五）预测和决策

你可以利用数据分析来预测未来的趋势和需求，以及做出更明智的决策。例如，你可以预测哪些主题会更热门，或者哪些推广策略会更有效。

（六）尊重隐私

在收集和分析数据时，你应始终尊重你的用户的隐私，你应该明确告诉他们你将如何使用他们的数据，以及他们可以如何控制自己的数据。

以上策略都可以帮助你更好地利用数据分析来提升你的自媒体运营。但请记住，数据只是一个工具，最重要的还是你如何提供价值和满足你的受众的需求。

六、合作和联盟

在自媒体运营中，合作和联盟是一种有效的策略，可以帮助你扩大影响力、吸引新的受众，以及提供更多的价值。以下是一些可能的合作和联盟的策略。

（一）合作内容

你可以与其他自媒体或者企业合作创作内容。这可以是一篇共同撰写的文章，一个共同主持的播客，或者一个共同制作的视频等。通过这种方式，你可以利用对方的知识和影响力；同时，让你的内容达到一个新的受众。

（二）互相推荐

你可以和其他自媒体互相推荐彼此的内容。例如，你可以在你的文章中引用他们的内容，或者在你的社交媒体上分享他们的内容。这种方式可以帮助你吸引新的受众，同时也可以增加你的内容的可信度。

（三）联盟营销

你可以和其他自媒体或者企业建立一个联盟，共同推广一个产品、服务或者活动。这种方式可以帮助你提高你的销售，同时也可以为你的受众提供更多的价值。

（四）品牌合作

你可以和知名品牌进行合作。例如，成为他们的品牌大使，或者参与他们的营销活动。这种方式可以提高你的知名度和信誉，同时也可以为你的受众提供特殊的优惠和体验。

以上策略都可以帮助你在自媒体运营中利用合作和联盟。但请记住，最重要的是你的合作和联盟应该是基于互利的，你应该选择和你的品牌、内容和受众相匹配的合作伙伴，而不仅仅是为了利益。

七、有针对性的广告投放

在自媒体运营中，有针对性的广告投放是非常重要的，它可以帮助你更有效地到达你的目标受众、提高你的广告效果，以及优化你的广告预算。以下是一些有针对性的广告投放的策略：

（一）定义你的目标受众

你应该明确你的广告的目标受众是谁，这包括他们的年龄、性别、地理位置、兴趣、行为等。

（二）选择合适的平台

你应该根据你的目标受众选择合适的广告平台。例如，如果你的目标受众主要是年轻人，你可能会选择 TikTok 或 Instagram。

（三）制定你的广告策略

你应该根据你的目标受众和平台制定你的广告策略。例如，你可能会选择使用视频广告，因为它更能吸引年轻人的注意力。

（四）定制你的广告内容

你应该根据你的目标受众和平台定制你的广告内容。例如，你可能会使用更具挑战性和创新性的内容，以吸引年轻人的注意力。

（五）测试和优化

你应该不断测试和优化你的广告。这包括测试不同的广告内容、格式、时间、位置等，以便了解哪些更有效。

（六）分析和学习

你应该分析你的广告数据，如点击率、转化率、ROI 等，以了解你的广告是否有效以及如何改进。

以上策略都可以帮助你进行更有针对性的广告投放。但请记住，最重要的是你的广告应该提供价值，你应该使用你的广告来解决你的受众的问题，满足他们的需求，而不仅仅是推销你的产品或服务。

第三节　新闻 APP 运营策略

一、新闻 APP 的三大主流模式

新闻 APP 并未按照运营商最初预期的那样发展，但是新闻 APP 作为一个成功迎合移动互联网时代特征的移动化产品也有其独到之处。一些新闻类的 APP 根据市场的特点走出了一条创新发展之路，并在市场上取得了不错的成效。

（一）专业型

专业型媒体以其高质量的内容所赋予的独特性与专业性使其与其他类型的媒体有较大的区分度，并在市场上受到了消费者的一致青睐。而新闻 APP 作为传统媒体在移动互联网空间上的延伸，其专业性的特征也比较容易打开市场。

（二）地域型

媒体上线 APP 应用的一大优势就是使产品的辐射范围从一个区域扩展至全国，甚至走向世界。然而一些媒体却反其道而行之，强化新闻 APP 的地域特色、增强本地化生活资讯属性，依靠本地区的受众也取得了良好的效果。

（三）服务型

新闻内容的个性化与定制化得到体现。用户可以随时分享、收藏自己感兴趣的新闻、图片，而且还能实现与发稿人的实时互动，从而对新闻内容进行评论、点赞等。

上述新闻 APP 的三大主流模式，主要是从宏观层面对一些成功的新闻 APP 的特点进行分析、对当下移动互联网时代陷入困境的传统媒体来说，更为重要的是从微观层面进行分析，以新闻 APP 的内容、表现形式、用户定位、营销推广、盈利模式等多个角度作为切入点。

当下大多数传统媒体 APP 的主要内容还是将自己的线下内容照搬到 APP 中，使传统的线下资源实现"移动化"。

新媒体在内容的生产上创造了更多的形式，除了平台上的专业人士负责撰写文章之外，还应将平台作为自媒体时代用户生产内容的载体。出现了以鲜果 APP 为代表的 UGC（用户创造内容）、以《搜狐新闻》APP 为代表的 PGC（专业人才创造内容），以及以《今日头条》为代表的 AAC（算法创造内容）。

传统媒体的 APP 应用应该尝试从多渠道通过多种方式创造内容，移动互联网时代要学会顺势、借势、造势，积极拥抱自媒体这一风口；平台应更多地引入用户创造内容，通过合适的激励机制让具有专业能力的人才为平台贡献内容；实现内容的精准分类，让用户更加方便地阅读自己需要的内容，优化阅读体验，向用户提供查询搜索服务，方便用户在某些内容遗忘后重新阅读。这种注重用户体验的 APP，必定会创造巨大的商业价值。

内容的独特性也是传统媒体新闻 APP 获得成功的关键，可以向用户提供一些独特的原创信息产品，组织各种各样的用户活动，从而新闻 APP 与其他的竞争者形成明显的区分度。

另外，当下的新闻 APP 多采用以日为单位更新内容。一些突发的热点新闻无法做到实时更新，而如今内容的多样性、丰富性、时效性在移动互联网时代媒体沉淀用户中发挥的作用非常关键，无法为用户及时提供所需内容的新闻 APP 最终只能被淘汰。

二、表现形式：简洁夺目与稳定亲和

内容的差异性需要媒体通过相应的差异化形式将这些内容向用户展示出来，这也是塑造品牌文化的关键。

媒体 APP 的表现形式应该考虑简洁明了、吸引眼球、亲和友好、持续稳定等几个方面的要素。简洁明了的设计与操作能让用户获得良好的体验，账号申请流程、推送消息的阅读机制、历史记录查询等方面都可以进行优化。例如，《金融时报》APP 的成功和其简单实用、风格清新的特点是分不开的。

媒体 APP 的设计还要考虑开放性，自媒体时代注重共享与开放，平台上内容的下载、上传、阅读都应该是由用户根据自己的喜好决定，开放、自由、平等的基本原则在新闻 APP 中同样适用，只有真正地为用户考虑，才能真正地拥有用户。

亲和友好与稳定持续也是新闻 APP 在表现形式上要考虑的重要因素。试问一个与用户终端兼容性存在问题、经常崩溃的 APP 如何沉淀用户？例

如，《时尚》杂志 APP 应用的开发团队就是运用科技手段，使 APP 的内容以更加友好、稳定的形式呈现在消费者面前，从而获得了用户的一致认可。

三、盈利模式

目前，一些媒体的 APP 应用采用下载收费的盈利模式，而仅有一些专业性的财经类新闻 APP 能成功盈利，其他类型的新闻 APP 在这种盈利模式下很难有所发展。一些媒体 APP 开发出了内容限免、小额打赏的盈利模式，用户只通过少量的费用便可获得优质的内容，通过长尾效应创造更高的价值，并在实践中获得了不错的效果。

（一）内容限免

付费才能获得内容的盈利模式会损失掉一大批的潜在用户，一些有创造性的新闻 APP 运营者设计出了多种盈利模式。例如，针对文章的热度采取不同的收费标准的支付体系；对一些优质的内容用户只能阅读其中的一部分，付费后才能阅读全部内容；等等。

（二）小额打赏

基于长尾效应的小额打赏也是媒体 APP 实现盈利的一种重要手段。

鞭牛士（Bianews）APP 上的 IT 新闻就是采用此种收费方式，借此平台可以获得不错的收入。其实，这个 APP 应用上的所有内容都是用户可以免费获得的，如果用户认可某篇文章可以支付小额的费用作为激励，这种收费方式更加人性化，受到了大量用户的好评。

（三）使用服务收费

主要是指媒体 APP 对平台中的资讯类实用服务采取付费阅读模式。比如，资料搜寻服务、将文章转化为 PDF 文档、获得高清晰度的图表以及某些重要的数据等都可以向用户收取少量的费用，毕竟用户对这些稀缺内容的付费欲望比较强烈。

（四）周边衍生产品的设计与销售

媒体完全可以将 APP 平台定位成一个管理客户关系的综合系统。根据对用户的需求分析找到用户所关注的热点，设计出相应的周边衍生品，在这些产品的设计中征求用户的意见、增强用户的参与感，让其成为一种实现满足用户需求的定制化周边衍生品。这种模式的产品生产与销售投入较低而且比较容易为消费者所接受。

四、用户定位：强化互动与鼓励分享

目前，国际上成功的 APP 应用的衡量标准主要是其在 APP 市场（App Store、Google Play）的排名，而在 APP 市场的排名要受到用户的下载量、评论、用户流量、转化率、激活率等多种因素的影响，其中，最为关键的因素是与用户管理直接相关的用户下载量与评论。

（一）强化互动

在移动互联网时代，媒体 APP 应用要想获得成功离不开优质用户体验的创造。

媒体通过 APP 应用与用户建立了情感上的联系，从这一角度来讲 APP 其实可以称为"用户管理平台"。可以通过运营微信公众账号与用户实时沟通交流，让用户在内容的生产与表现形式上提出批评、建议，这样可以增强用户对品牌的忠诚度，使其获得存在感与参与感，并以主人翁姿态参与到媒体 APP 内容的创造过程中来。

（二）鼓励分享

对于一些为 APP 创造优质内容的用户可以给予一定的奖励，既可以是物质奖励，也可以是精神奖励，这种方式在提升用户对品牌的归属感与忠诚度方面具有极大的优势。一套完善的内容分享激励机制的建立是实现这种方式持续稳定发展的重要保证，通过开发的内容分享功能使用户可以将感兴趣的内容共享到各大社交媒体平台上，以用户自主分享的方式将品牌推向更大的市场。

媒体《今日头条》APP 的成功就是一个典型的案例：用户在阅读完平台上的内容后可以将自己认可的内容一键分享至微信、微博，也可以将其通过短信、彩信、E-mail 等方式实现共享。另外，延伸阅读功能的建立能为消费者提供与其兴趣爱好一致的内容，对积极参与优质内容共享的用户给予一定的奖励，使新闻媒体与用户之间建立深层次的情感链接，以提升用户对品牌的忠诚度。

五、营销推广：多触点延伸与新旧媒体互推

传统媒体大规模进军 APP 市场，在一定程度上造成了用户对某种产品关注度与黏性的降低。结合当下的市场环境，用户关注度与黏性的维系主要通过两种手段：多触点延伸与新旧媒体互推。

（一）多触点延伸

使媒体的新闻 APP 与产品 APP 形成对接。例如，网易的新闻 APP 与网易云音乐 APP、有道词典 APP 对接，百度新闻 APP 与百度魔图 APP 对接等。

将产品 APP 的用户流量优势发挥出来，而且新闻 APP 在推广产品 APP 方面具有极大的优势，可以使二者能相互促进、协同发展。另外，媒体的新闻 APP 还可以与其他品牌的 APP 进行合作，一些以墨迹天气、搜狗输入法为代表的日常应用 APP 拥有海量的用户流量，可以通过与它们的合作来进行新闻 APP 的品牌推广。

随着移动互联网时代社交媒体平台的兴起，出现了拥有众多粉丝的意见领袖。他们中有企业家、某一领域的专家，还有一些明星大腕，将这些意见领袖引入媒体 APP 的制作以及营销推广过程中，发挥专业人才的创造力与影响力，从而增强产品的推广营销效果。

新媒体与旧媒体之间互相推广，如在传统媒体的纸质产品营销推广过程中，以多种形式向用户推广数字化的媒体 APP 应用，也可以在 APP 中通过内容营销等手段进行纸质媒体的推广。如，《京华时报》的纸质产品中就添加了扫码直接下载新闻 APP 应用的二维码，极大地带动了媒体 APP 的用户流量提升。

当然，与火爆的电视节目进行合作，并借力进行新闻 APP 推广也是一个不错的发展思路。

但是，新闻 APP 的运营者应该认识到不同类型的 APP 借力电视节目进行推广，需要考虑节目的类型、风格以及节目的受众是否与 APP 的用户定位相一致的因素。

归根到底，媒体进行新闻 APP 的开发是要顺应移动互联网时代的移动化发展潮流。但是，对于一些中小媒体公司来说，不需要将自己限制在独立研发 APP 应用的思维定式中，媒体完全可以借力其他的第三方综合服务平台，通过受众热捧的自媒体在新时代的市场竞争中找到自身的位置。

在传统媒体新闻 APP 的发展过程中，能够克服自身在技术与思维方式等方面的劣势，与拥有技术优势的合作伙伴协同发展。同时，发挥自己在信息资源占有方面的内容优势，结合移动互联网时代大数据与云计算在内容生产上发挥出来的巨大作用，最终走好新时期的传统媒体移动化生存之路。

第四节 "新媒体 + 企业"运营策略

一、新媒体给企业发展带来的机遇与挑战

移动互联网时代的到来带来了信息飞速传播的新局面，在这一局面下，人人都可成为"自媒体"。这种媒体遍布的现状带来的信息影响力是惊人的，一件小事能够迅速蔓延至全国，同样，一个突发事件也可能波及整个行业。

那么，企业应当如何抓住这个机遇，同时有效规避其所带来的风险呢？

传统传播渠道不断变革升级，与企业相关的很多信息都被曝光在公众视野之中，人们通过网络对发生的事件饶有兴趣地围观着。对于企业来说，首先，应当加强对新闻渠道及信息传播渠道的管理，对大众展开趋利避害的新闻引导，合理利用新闻资源、优化新闻传播价值，为企业的发展营造良好的舆论环境，这显然已经成为各企业在发展中必须面对的新课题。

正所谓"星星之火，可以燎原"，新媒体的崛起已迅速波及整个行业，智能手机、平板电脑等终端普及率飞升，在给传统媒体带来巨大冲击的同时，也给企业带来了机遇和挑战。

因此，企业应当学会趁着新媒体发展的大潮抓住机遇，因时制宜，不断升级和革新企业的宣传策略，迎合大众新的信息接收习惯，只有这样才能为企业发展铺平道路。

那么，新媒体作用在企业发展上会体现在哪些方面呢？

（一）新渠道出现为企业引进舆论

新媒体在很大程度上突破了时空的限制，传播方式更加多元，速度更快，范围也更广，这样的传播影响力极大地超越了传统媒体。以微博为例，其传播与事件第一现场同步，即时连线新闻的发生与发展，满足用户第一时间了解发展态势的诉求。

新媒体传播的即时性打通了企业与大众沟通的渠道，企业可以更快、更准确地收集公众的意愿、偏好、意见并进行分析，从而有针对性地调整公司发展战略。

当然，信息传播速度的加快也带来了企业危机公关的压力。在传统媒

体方式下，一个事件可能由于时间的持续性长，在事件还未发酵至热点时便减退了其热度。但是在新媒体条件下传播速度加快、爆发力强，某些局部的小问题都可能迅速地在网络上被人为地发展、变异、扩大，最终发酵成足以影响整个企业的大事件。

（二）新媒体带来企业营销的新平台

传统营销方式中存在的传播壁垒因为新媒体的到来被突破，各种不同智能终端的丰富使得传播途径越发便捷。与公众的交流呈现出随时随地的特点，企业的信息能够方便地传递给公众，不同的平台也就成为企业树立品牌形象、维护品牌运营以及推广业务的广阔阵地。

企业营销推广的效果借助新媒体效果成倍增长，也许某个无意间的传播，就会形成一传十、十传百的效果，企业没有投入成本，效果却远远强于高成本的广告。因此，目前微博、微信、社交网站等已经成为企业的营销新渠道。

二、移动互联网时代的企业媒体运营策略

在新媒体时代，企业要想生存，不仅要做好自己的产品，还要学会"说好"自己的产品。全媒体的效应营造了信息流速加快的环境，企业要学会利用不同的媒体来优化自己的宣传效果。

具体来说，企业应当认识不同媒体的特征，分析不同媒体适合自己在哪一方面的宣传，做到有的放矢、科学分配资源，只有"知媒"才能最大化媒体的价值。

（一）知媒：深度了解不同媒体的特性

媒体具有其侧重点不同的特性。网络时代下的新媒体具备传播效率高、速度快、范围广以及成本低的特点，毫无疑问成为企业营销推广的绝佳选择。企业了解不同媒体的特点，做到"知媒善用"，往往能事半功倍。

"自媒体"是各种网络信息传播渠道的综合体，比如，微博可以将企业网站、论坛、新闻等内容串联在一起，把与企业相关的内容一条龙式地推送给读者。因此，企业要学会挖掘微博的综合性功能，不仅要利用微博传递企业信息，还要学会通过微博平台与用户进行沟通交流，使得微博成为企业进行营销推广，以及通过互联网来拓展延伸自身服务的新渠道。

那么，新媒体呈现出如此强大的功能和影响，这是否就意味着传统媒体的彻底衰亡呢？答案是否定的。由于目前以报纸、广播、电视等为主的传统媒体依旧发挥着传递重要信息，尤其是具有"官方"属性的信息的作用，所以其地位仍旧是不可撼动的。传统媒体依旧是企业应当关注的推广渠道，尤其对于大型央企来说，传统媒体依旧作为其向政府以及公众传递信息的重要平台。

（二）善用：学会利用媒体特征来最大化价值

1. 不同的内容匹配不同的媒体

不同的媒体特性不同，所适用的传播内容也是不同的。例如，传统媒体适合于承载大篇幅的报道，而新闻短讯和实时快报则适合在网络媒体上传播。以图片为主的信息直观性较强，适合微博等平台传播，而叙述性、故事性较强的内容则各种媒体都比较适宜。

所以，企业应当根据自身的发展需要制定策划案，再投放到适合策划案的媒体上去。

2. 综合运用不同的媒体

在新媒体时代，媒体的综合运用效果要远远高出一个媒体的单独运用。综合运用不同的媒体可以最大化一个事件的效应，企业在进行推广的时候应当注意运用不同的媒体来对事件进行多侧面的报道，从而形成一个立体化的事件效应。

3. "说话"的学问

通俗来说，媒体传播就是把信息的内容"说"出去，而如何说得精彩，说的内容让受众愿意听，这就是一门学问。

企业希望受众"听到"什么，希望媒体传播什么，这就是"说什么"，这是信息传播的目的。而通过什么途径、什么方式进行传播，就是"怎么说"，这是传播的手段。二者对于营销效果的达成都是十分重要的。

企业要宣传，能说的内容实在太多了，但是如何才能达到最终目的，就需要注意说话的方式。例如，哪些信息没有时间上的要求，而哪些信息需要在第一时间传播出去；哪些信息对于企业的价值大，而哪些信息的价值较小等。对这些信息进行有序分类，按照先后次序和重要程度合理传播，这就需要企业在新闻策划上下足功夫。

（三）会管：学会应对和处理网络舆论

自媒体时代极大地消除了传播边界，传播中心遍布的局面也带来了事件效应放大的必然结果。网民发表言论的途径众多，如微博、微信、论坛等数不胜数，传播途径畅通使得任何微小的危机事件都会被无限放大，但如果企业不重视，后果将不堪设想。这就给企业的危机公关带来了前所未有的压力，企业应当重视网络舆论，研究其发展规律，以提高应对危机的能力。

1.建立健全舆情监测机制

要想应对舆情带来的影响，首先就要"知彼知己"，及时获知舆情的动向。只有始终比负面舆情领先一步，才能做到临危不乱、游刃有余。

因此，舆情监测不是一项阶段性工作，而是日常工作。企业应当对全网舆情建立全日制的监测机制，及时捕获负面舆情，面对其萌芽及时预警，做到积极引导、冷静处理，为接下来可能发生的舆情走向做好准备。

2.建立危机应对机制

危机一旦发生，企业的危机应对机制就应该发挥作用了。企业不仅需要一支具备敏捷反应力、强大的事件处理能力的危机公关队伍，还应当在日常维护中同媒体保持良好的沟通和和谐的关系。一旦发现负面舆情，企业进行引导和应对的关键途径之一就是媒体。所以，媒体对于企业的重要性可想而知，双方之间存在合作共利的关系，因此，二者存在保持友好关系的基础。

企业不仅要善用媒体，利用媒体工具对负面舆情进行积极引导，反映事件本质，对于发生的事件尤其重大事件进行全面深入的报道。引导事件的走向，还应当注意在日常工作中保持与媒体的良好关系，坚持平等、和谐、尊重、共进的原则，维护媒体的应得利益，支持媒体的合理工作，尊重媒体所报道的客观事实以及揭露的客观市场规律。只有这样，在需要媒体帮助进行危机公关时才会顺利。

总而言之，新媒体时代对于企业来说是一个机遇与挑战并存的时代，企业可以趁势而上，但一不小心也会沉没其中。如何抓住机遇、迎接挑战，这是每一个企业在新时代来临之际都必须思考的一个问题。

对于企业来说，迎合时代趋势制定发展策略是重中之重。以宣传工作为例，企业的宣传需要树立起新的发展理念，深入了解不同媒体的特点，学会利用媒体进行恰当的信息推送，在监控危机、面对危机等方面都有一套完整的机制。只有这样才能迅速融入这一新的发展态势中来，建立起迎合时代发展的宣传模式，在新媒体时代为企业的发展保驾护航。

三、企业如何运用社交媒体进行营销？

如今，社交媒体在我们的生活中扮演着越来越重要的角色，人们在社交媒体中花费的时间呈现快速增长的趋势。而社交媒体营销在企业众多的营销渠道中的地位也越来越重要。

国外的 Facebook、Twitter，国内的微博、微信，这些拥有亿级用户流量的社交媒体平台成为企业进行战略布局的新战场，可见社会化媒体在企业的发展中具有重大的推动作用。

仅仅认识到社交媒体在企业发展中的重要作用还不够，更为关键的是如何借力社交媒体平台使小企业的发展迈上更高的台阶。以下是几种小企业布局社交媒体平台的有效手段，小企业的管理者可以借鉴。

（一）尽可能地掌握目标用户信息

对企业来说，用户定位的精确性是企业实现价值变现的关键部分。社交媒体平台上的用户群体存在一定的差异，找到与企业的产品相匹配的目标用户，可以通过多种途径掌握用户的生活方式、消费需求、兴趣爱好、关注点等特征。

移动互联网时代企业掌握的用户数据越多，产品与服务设计过程中越容易出现亮点，这样在市场中才能火爆。

（二）尝试多种社交媒体平台找到最佳选择

与企业品牌特点相一致的社交媒体平台会让企业的社会化营销取得事半功倍的效果，但做到这一点绝非易事。一些用户流量极高的社交媒体平台，如 Facebook、Twitter、微信、微博等并不一定能将企业的产品推广至合适的受众，而一些用户流量相对较少的社交媒体平台，反而会存在大量的潜在用户。

企业应尽可能地多尝试不同的社交媒体平台，从而找到最适合企业营销的有效载体。

（三）使用社会化媒体运营管理工具

在多个社交媒体平台上进行品牌推广是一件很繁重的工作，企业要投入大量的资源去进行管理。在这种情况下，企业迫切需要低成本、高效率的社交媒体运营管理工具来帮助处理日益繁重的工作。如，Ping，FM、HelloTXT、HootSuite 可以将用户的多个社会化媒体账号统一到一个网页中，实现一键式管理。

目前，国际上的社交媒体运营管理工具的应用已经十分普遍，在多个垂直细分领域都有所发展。例如，以 Social Mention 为代表的社会化倾听管理工具、以 Argyle Social 为代表的社会化对话管理工具、以 Engagesciences 为代表的社会化营销管理工具、以 Socialbakers 为代表的社会化分析管理工具、以 Klout 为代表的社会化影响指数管理工具。

当下国内的社交媒体管理工具主要有：孔明社会化媒体管理平台、蜂巢社交管理系统、微博管理行家、微动等，其中，有收费的也有免费使用的。企业可以先尝试一下免费的管理工具，熟练掌握后再根据自己的需求去发掘合适的管理工具。

（四）可视化内容创造

内容的重要性不言而喻，合理的图片、视频与文本的结合能让企业所推广品牌的内容可读性提升。与纯文本的内容相比，图片、视频更能提升情感体验，激发用户的互动欲望，从而为产品设计提供宝贵的用户评论数据。

（五）提升粉丝忠诚度与归属感

企业的社交媒体平台选择与营销内容方面的工作完成以后还要考虑如何建立忠实的粉丝社群，获取用户并不代表用户会对企业保持持续的关注。一个社交媒体的用户可能会同时关注十几个公众账号，而经常关注的账号通常只有 2—3 个。

身为一名社交媒体平台营销人员，应该认识到对企业来说社会化媒体是一个掌握潜在用户动态信息的平台，不应该向用户提出过多的要求，而是要尽量保持与用户的实时互动，提升用户对企业的品牌文化的认同感与归属感，与粉丝之间形成一个相互信任、协同发展的合作关系，最终实现与粉丝的价值共创。

（六）制定并严格执行社会化媒体发展战略

企业进行社交媒体营销需要制定相应的发展战略，使各项工作能够按照规章制度持续稳定地运行。同时，需要利用合适的考核指标督促员工认真执行。通过营销管理人员实时发布的优质内容，保持足够的用户黏性，从而沉淀大量的忠实用户。强化团队意识，使员工为了共同的理想与目标共同努力、共同进步。

（七）保持足够的耐心

社交媒体营销要见到一定的成效需要经过长期的积累，这个时间有时会长达几年。在这个过程中需要保持足够的耐心，毕竟社交媒体营销战略的实现需要经过长时间的努力，真正伟大的创造向来属于为之痴迷、为之奋斗的坚持者。

如今，社交媒体营销已经成为营销领域的重要组成部分，社交媒体营销是移动互联网时代小企业走向成功的必经之路。

善用社交媒体营销的企业在未来才有足够的竞争力，就等于是找到了一条获取海量用户流量的重要途径，由此沉淀下来的用户群体也更具认同感与归属感，这会使企业在激烈的市场竞争中获得巨大的优势。

第五章 大数据时代新媒体内容加工与发布

第一节 新媒体信息采集与筛选

在当今的数字时代，新媒体已经成为企业与消费者之间最直接、最有效的桥梁。因此，做好新媒体运营已经成为现代企业不可或缺的任务。这篇文章将讨论如何做好新媒体运营以及如何发布高质量的新媒体信息内容。

在新媒体运营中，最核心的是了解你的受众。要确保你的新媒体和内容与你的受众所处的社交媒体平台和数字渠道相匹配，这样你才能够有效地传递信息并与你的受众建立联系。为了更好地了解你的受众，你需要进行市场调研和用户分析，了解受众的兴趣、喜好和需求，以此来制定一个符合受众需求的新媒体运营策略。

新媒体信息的采集和筛选是一个重要的过程，它可以帮助你获取有价值的信息、提供高质量的内容，以及作出明智的决策。

一、新媒体信息采集和筛选的策略

（一）使用工具

有许多工具可以帮助你采集新媒体的信息，如 RSS 阅读器、社交媒体监听工具、数据抓取工具等。这些工具可以帮助你自动收集信息，节省你的时间和精力。

（二）定义关键词

你应该定义一些关键词来筛选信息。这些关键词应该与你的内容、目标受众、行业、竞争对手等相关。

（三）验证信息

在新媒体上，信息的真实性和准确性是一个重要的问题。你应该在发布任何信息前验证其来源和内容。你可以使用事实检查网站、专业知识、原始源等来验证信息。

（四）分析信息

你应该分析你收集的信息，从而寻找模式和趋势。这可以帮助你了解你的受众的需求和行为、你的行业的动态，以及你的竞争对手的策略。

（五）保护隐私

在收集和使用新媒体的信息时，你应该尊重别人的隐私。你应该遵守相关的法律和规定，不收集和使用私人的、敏感的或者不合适的信息。

以上策略都可以帮助你有效地采集和筛选新媒体的信息。但请记住，信息只是一个工具，最重要的还是你如何使用这些信息来提供价值和服务给你的受众。

二、做好新媒体运营的核心措施

（一）建立符合品牌风格的平台形象

建立符合品牌风格的平台形象是自媒体运营中的重要一环，它有助于塑造品牌形象、增强品牌认知度、并促进用户黏性。以下是一些创建品牌风格的策略。

1. 明确品牌定位

首先，你需要明确你的品牌定位。这包括你的品牌是什么、你的品牌代表什么、你的品牌的核心价值是什么，以及你的品牌的目标受众是谁。

2. 制定品牌风格

根据你的品牌定位，你需要制定你的品牌风格。这包括你的品牌的视觉风格（如颜色、字体、图片等）、语言风格（如语调、词汇、语法等）、以及内容风格（如主题、格式、角度等）。

3. 落实品牌风格

你需要在你的平台上落实你的品牌风格。这意味着你的所有内容、设计和互动都应该符合你的品牌风格。例如，如果你的品牌风格是专业和权威，你的内容应该是深入和准确的、你的设计应该是清晰和简洁的、你的互动应该是正式和礼貌的。

4. 维护品牌形象

你需要不断维护和更新你的品牌形象。你应该定期检查你的品牌形象是否符合你的品牌风格、你的品牌风格是否仍然符合你的品牌定位，以及你的品牌定位是否仍然符合你的市场和受众。

5. 推广品牌形象

你需要通过各种方式推广你的品牌形象。这包括通过你的内容、社交媒体、广告、合作伙伴、活动等来展示和传播你的品牌形象。

以上策略都可以帮助你建立符合品牌风格的平台形象。但请记住，最重要的是你的品牌形象应该真实反映你的品牌，与你的受众建立真实和深入的连接。

（二）定期发布高质量的内容

定期发布高质量的内容是自媒体运营的基础，这可以帮助你建立专业的形象、吸引和保持受众，以及提高你的搜索引擎排名。以下是一些定期发布高质量内容的策略。

1. 制订内容计划

你应该制订一个内容计划，包括你要发布的内容的主题、格式、频率、时间等。这可以帮助你保持一致性，避免在最后一刻急于寻找内容。

2. 创建有价值的内容

你的内容应该为你的受众提供价值，如信息、娱乐、教育、启发等。你应该了解你的受众的需求和兴趣，创建符合他们的内容。

3. 保证内容质量

你应该保证你的内容的质量，包括语言的准确性和流畅性、信息的真实性和准确性，以及设计的清晰性和吸引力。

4. 利用多种格式

你应该利用多种格式来表达你的内容，如文字、图片、视频、音频、互动等。这可以帮助你吸引更广泛的受众，以便提供更丰富的体验。

5. 优化内容的搜索引擎排名

你应该利用SEO（搜索引擎优化）技术来优化你的内容的搜索引擎排名。这包括使用关键词、创建内部链接和外部链接，以及优化元标签等。

6. 分析和优化

你应该分析你的内容的表现，如浏览量、分享数、评论数、转化率等，以了解哪些内容更受欢迎、哪些内容需要改进。

以上策略都可以帮助你定期发布高质量的内容。但请记住，最重要的是你的内容应该反映你的品牌的声音和价值，与你的受众建立真实和深入的连接。

（三）积极参与自己的社交平台

积极参与自己的社交平台是一种重要的自媒体运营策略，能够帮助你与你的受众建立更强的关系、提高你的品牌知名度，以及收集有价值的反馈。以下是一些积极参与自己的社交平台的策略。

1. 保持活跃

你应该定期发布内容，如文章、图片、视频、问答等。你也可以定期举办活动，如比赛、抽奖、直播等。

2. 互动与受众

你应该积极回应你的受众的评论、问题和消息；你可以提供帮助、解答疑问、感谢赞扬、接受批评等；你也可以通过发起讨论、进行投票、分享用户的内容等来促进互动。

3. 监听受众

你应该倾听你的受众的声音，理解他们的需求、感受、意见和建议。你可以使用社交媒体监听工具、在线调查工具、网站分析工具等来收集和分析你的受众的数据。

4. 维护社区

你应该维护你的社交平台的秩序，避免和处理负面的情况，如垃圾评论、争吵、恶意攻击等。你可以设置社区规则、使用过滤和阻止功能、积极调解和解决问题等。

5. 优化社交媒体策略

你应该定期分析和优化你的社交媒体策略，以提高你的效果和效率。你可以测试不同的内容、格式、时间、频率等，以了解哪些更有效。

以上策略都可以帮助你积极参与自己的社交平台。但请记住，最重要的是你的社交媒体应该反映出你的品牌的声音和价值，与你的受众建立真实和深入的连接。

第二节　新媒体信息的编辑与整合

新媒体信息的编辑与整合是一种提升内容质量，使其更加吸引人，有用和易于消费的方式。以下是一些新媒体信息的编辑与整合的策略。

一、确定目标受众

确定目标受众是任何市场营销策略的关键第一步，无论是新媒体运营、传统广告还是内容营销。了解你的目标受众可以帮助你制定有效的营销策略，并创造与他们有更深连接的内容。以下是确定目标受众的几个步骤。

（一）市场研究

首先，你需要进行市场研究以了解你的潜在客户。这可以包括对你的现有客户进行调查，研究行业报告，或者分析你的竞争对手的市场。

（二）定义受众特征

你需要确定你的目标受众的关键特征。这可能包括他们的年龄、性别、地理位置、教育背景、职业、收入等社会经济因素，以及他们的兴趣、价值观、生活方式等心理因素。

（三）创建人物画像

基于你的研究和定义，你可以创建人物画像，即具有特定特征和特性的虚构人物。这可以帮助你更具体，更直观地理解你的目标受众。

（四）验证和调整

你需要验证你的人物画像是否准确，并根据实际情况进行调整。你可以通过测试你的营销策略，收集反馈，分析数据等来验证你的人物画像。

以上步骤都可以帮助你确定目标受众。但请记住，目标受众可能会随着市场的变化，你的产品的发展、你的业务的增长等因素而变化，所以你需要定期回顾和更新你的目标受众。

二、组织内容

组织内容是任何成功的新媒体策略的关键组成部分。有效地组织信息可以帮助读者更好地理解你的信息，同时也会使你的内容看起来更专业。以下是一些关于如何有效组织内容的建议。

（一）明确主题

确保你的内容有一个清晰的中心主题。这将帮助读者理解你的内容是关于什么的，同时也会帮助你更好地组织你的信息。

（二）使用标题和子标题

使用标题和子标题可以帮助读者预期内容的流程，并让他们可以快速浏览文章找到他们感兴趣的部分。

（三）划分段落

良好的段落划分能提高文本的可读性。且每个段落应专注于一个单独的主题或思想。

（四）列表和子列表

对于一系列的项目，使用列表或子列表可以帮助读者更好地理解和记住信息。

（五）图形和视觉元素

视觉元素，如图形、图表、图片或者视频，可以帮助说明你的观点，并使你的内容更有吸引力。

（六）逻辑流程

确保你的内容按照一个清晰、连贯的逻辑流程组织。这可能是按时间顺序、按重要性，或者按任何其他使读者能够跟随你的思路的顺序。

（七）清晰的结论

最后，你的内容应有一个明确的结论，总结你的主要观点，并指导读者如何使用这些信息。

以上的建议应该可以帮助你更有效地组织你的内容，使其更易于理解和记住。

三、保持一致性

在新媒体内容策略中，保持一致性至关重要，这不仅有助于提升品牌形象，也有助于建立受众的信任和认同。以下是一些如何保持一致性的建议。

（一）语言和风格

尽可能保持语言和写作风格的一致性。这可以帮助读者更好地识别和理解你的内容。

（二）频率

定期更新和发布新的内容。这样可以让你的受众知道何时可以期待新的内容。

（三）视觉元素

尽量保持视觉元素（如颜色，字体，图像风格等）的一致性，以便增强品牌识别度。

（四）信息和主题

尽量保持你的信息和主题一致，以便在你的受众中树立一致的品牌形象。

（五）声音和语调

尽量保持一致的品牌声音和语调。无论是正式的、非正式的，友好的，还是权威的，确保你的声音和语调跟你的品牌和受众相匹配。

（六）社交媒体平台

在不同的社交媒体平台上保持一致的表现，无论是在内容、视觉效果还是互动方式上。

保持一致性需要持续的努力和注意力，但它可以极大地提高你的新媒体效果、增强你的品牌价值，建立你与受众之间的信任。

四、编辑和校对

编辑和校对是确保你的内容质量和专业性的重要步骤。通过仔细检查和修正你的内容，可以提高可读性、准确性和清晰度。以下是一些编辑和校对的建议。

（一）校对语法和拼写错误

仔细检查你的内容中的语法和拼写错误。使用拼写检查工具，并在可能的情况下，再次仔细阅读你的内容来捕捉任何错误。

（二）校对标点和语法

确保你正确使用标点符号和语法规则。适当的标点使用可以提高读者的理解和流畅阅读。

（三）检查逻辑和连贯性

确保你的内容的逻辑流程和连贯性。检查段落之间的过渡是否平滑、思想是否清晰。

（四）简洁和清晰

精简你的句子和段落，以保持内容的清晰度。删除冗余的词语和句子，避免重复。

（五）检查格式和排版

确保你的内容的格式和排版正确。检查标题、段落缩进、行间距、字体大小等。

（六）确保准确性

验证你的信息的准确性。引用来源时，请确保你的引文和数据是准确的。

（七）请他人帮助

如果可能的话，请让其他人帮助你校对和编辑你的内容。他们可以提供新的视角和捕捉你可能忽视的错误。

编辑和校对是确保你的内容的专业性和质量的关键步骤。投入足够的时间和精力进行编辑和校对，可以提高你的内容的质量、提升读者体验，并塑造你的品牌形象。

五、创新和创造性

在新媒体内容创作中，创新和创造性是吸引受众、与竞争脱颖而出的重要因素。以下是一些鼓励创新和创造性的建议。

（一）挑战传统观念

不要害怕挑战传统观念和常规思维。寻找新的角度、独特的观点和不同的方式来处理主题和话题。

（二）多样化的内容形式

尝试使用不同的内容形式，如文章、图片、视频、音频、漫画、互动内容等。根据内容的特点选择最适合的形式，使你的内容更具多样性和创新性。

（三）故事化表达

通过讲故事的方式来传递你的信息。用有趣、引人入胜的故事来吸引读者的注意力、加强情感共鸣，并提供更深层次的理解和启示。

（四）引入新颖元素

引入新颖的元素和概念，可以吸引读者的注意力并增加他们的参与度。也可以考虑使用最新的技术、趋势或与其他领域的交叉结合，创造出独特的内容。

（五）尝试不同的创作方式

摒弃传统的写作方式，尝试使用思维导图、脑暴、画图、视频剪辑等创作工具和技术。这样可以激发创意，创造出独特的内容。

（六）探索新的话题和领域

拓展自己的知识面，探索新的话题和领域。不断学习和研究，可以帮助你有更多的灵感和创意，创造出新颖而有深度的内容。

（七）接受失败和调整

创新和创造性的过程中，可能会遇到失败和挫折。但不要气馁，接受失败并从中学习。根据反馈和数据，及时调整和改进你的创新和创造性尝试。

创新和创造性是帮助你在新媒体领域中脱颖而出的关键因素。持续尝试新的创意和思维方式、寻找新的表达方式，并不断挑战自己的创作边界，将有助于打造与众不同的内容，吸引和保持受众的关注。

六、利用数据和反馈

利用数据和反馈是在新媒体运营中持续改进和优化的关键。以下是一些利用数据和反馈的方法。

（一）分析用户行为数据

使用网站分析工具、社交媒体分析工具等，跟踪和分析用户的行为数据，如访问量、页面停留时间、转化率等。这些数据可以帮助你了解用户的兴趣和偏好，优化你的内容和用户体验。

（二）调查和问卷调研

进行定期的调查和问卷调研，以收集用户对你的内容、产品或服务的反馈。这些反馈可以帮助你了解用户的需求和意见、指导你的改进和优化。

（三）监听社交媒体反馈

积极监控和回应社交媒体上的用户评论、留言和提及。这可以帮助你了解用户的观点和反应，回应他们的关注和问题并修正你的策略。

（四）A/B 测试

通过 A/B 测试来比较不同的策略或变量的效果。例如，可以测试不同的标题、图片、呈现方式等，以确定哪种方法更有效。

（五）竞争对手分析

对竞争对手进行分析，了解他们的成功和失败以及他们的受众反应。

这可以为你提供灵感和洞察，指导你的改进和创新。

（六）关注关键指标

设定关键指标（KPIs），如点击率、转化率、社交媒体参与度等，并定期跟踪和分析这些指标。这可以帮助你评估你的运营效果，发现问题和机会。

（七）不断改进和优化

基于数据和反馈，不断改进和优化你的内容、策略和用户体验。尝试新的方法，修正错误，满足用户需求，并持续提高你的表现。

通过利用数据和反馈，可以更好地了解你的受众，改进运营策略，提供更好的内容和用户体验，以及与受众建立更紧密的连接。

以上策略都可以有效地编辑和整合新媒体信息。目标是提供有价值，有吸引力和有用的内容，从而满足目标受众的需求，达成业务目标。

参考文献

[1] 陈瑛，周玲玲编.玩转新媒体 [M].上海：上海交通大学出版社，2022.08.

[2] 杨逐原作.新媒体舆论学 [M].武汉：武汉大学出版社，2022.08.

[3] 张娟，覃江华主编.新媒体翻译前沿研究 [M].武汉：武汉大学出版社，2022.11.

[4] 刘仕杰作.流量密码新媒体内容创作技巧 [M].武汉：华中科技大学出版社，2022.09.

[5]（美）米盖尔·A.奥迪兹.立足新媒体时代的牙科摄影准则 [M].沈阳：辽宁科学技术出版社，2022.08.

[6] 王容平,任磊,杨霞.新媒体营销实务 [M].成都: 西南交通大学出版社，2022.01.

[7] 郭义祥，李寒佳主编.新媒体营销 [M].北京：北京理工大学出版社，2022.01.

[8] 彭丞.新媒体营销 [M].重庆：重庆大学出版社，2022.02.

[9] 重庆广播电视大学垫江分校主编.新媒体运营导论 [M].昆明：云南大学出版社，2022.06.

[10] 马晓翔.新媒体艺术史 [M].南京：南京东南大学出版社，2022.

[11] 李修远，张毅，吕灵凤主编；牛伟华，刘亚奇，王波副主编.新媒体概论 [M].哈尔滨：哈尔滨工程大学出版社，2021.07.

[12] 刘锐著.新媒体赋权与治理 [M].武汉：华中科技大学出版社，2021.08.

[13] 何倩，魏雄，何苗，冉光泽编著.实用新媒体简论第 2 版 [M].成都：四川大学出版社，2021.

[14] 武强作.新媒体时代动画艺术研究 [M].北京：新华出版社，2021.07.

[15] 宫承波主编.新媒体概论第 9 版 [M].北京：中国广播影视出版社，2021.08.

[16] 姚秋艳，李楠，宋倩.新媒体文案创作 [M].哈尔滨：哈尔滨工程大学出版社，2021.07.

[17] 刘娜.新媒体营销 [M].西安：西安电子科学技术大学出版社，2021.01.

[18] 刘应波，陈如华，李娟主编.新媒体数据分析 [M].哈尔滨：哈尔滨工程大学出版社，2021.08.

[19] 王凌洪，张定方编著.新媒体营销 [M].北京：中国商业出版社，2021.

[20] 安欣作.新媒体表演艺术 [M].杭州：浙江摄影出版社，2021.08.

[21] 张爱萍编著.新媒体营销 [M].长春：吉林出版集团股份有限公司，2020.08.

[22] 任占文.中国原生新媒体演进 [M].上海：上海大学出版社，2020.11.

[23] 宗良，叶小蒙主编.新媒体运营实战技能 [M].上海：复旦大学出版社，2020.08.

[24] 田庆柱著.新媒体视阈下体育教学模式创新研究 [M].长春：吉林大学出版社，2020.09.

[25]（俄罗斯）列夫·马诺维奇著；车琳译.新媒体的语言 [M].贵阳：贵州人民出版社，2020.08.

[26] 李怀亮樊明睿付良才.新媒体内容编辑 [M].重庆：重庆大学出版社，2020.01.

[27] 王辉编著.新媒体实战营销 [M].北京：中译出版社，2020.06.

[28] 黄权旺著.新媒体运营 [M].石家庄：花山文艺出版社，2020.06.

[29] 毛利，唐淑芬，侯银莉主编.新媒体营销 [M].成都：电子科技大学出版社，2020.03.

[30] 张卓主编.新媒体英语阅读 [M].苏州：苏州大学出版社，2020.01.